本丛书得到何东先生独资赞助

This series of books is financially supported exclusively
by Mr. Eric Hotung.

20世纪中国文物考古发现与研究丛书

汉代画像石与画像砖

蒋英炬　杨爱国／著

文物出版社

一　山东沂
南北寨村墓
中室北壁东
段画像（拓
本）

五　陕西米脂党家沟墓门画像（拓本）

六　河南南阳李相公庄许阿瞿墓画像（拓本）

七　四川新都酒肆画像砖

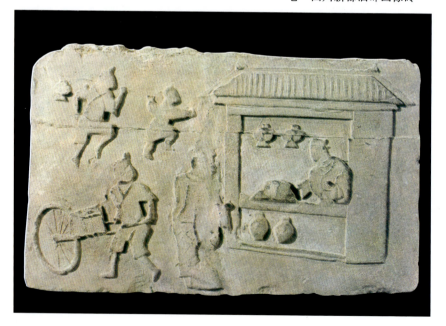

20世纪中国文物考古发现与研究丛书

序 / 张文彬

　　俗称"锄头考古学"的田野考古学的诞生以及中国考古学学科体系的基本完善，由此而引起的古物鉴玩观赏著录向科学的文物学的转变，是20世纪中国学术与文化界的大事。它从材料与方法两个方面彻底刷新了持续了数千年之久的中国古代史学传统，不但为中国学术界和文化界开拓出更加广阔的研究天地，也为一切关心中华民族悠久历史和灿烂文明的人们不断地提供了可贵的精神滋养和力量源泉。

　　仰古、述古、探古，进而考古，向来为我国传统文化中一个明显的学术特点。先秦时期诸子百家发其端，汉代司马迁撰写《史记》，北魏郦道元作注《水经》。他们对相关的遗迹遗物，尽可能地做到亲自考察和调查，既能辨史又可补史。这种寻根追源的治学态度，为后世学术上的探古、考古树立了榜样。此后，山河间的访古和书斋式的究古相继开展，特别是对古器物的研究，成了唐、宋时期的文化时尚。不少学者热衷于青铜铭文、碑刻、陶文、印章等古文字的考释，进而有了对器物的辨伪鉴定、时代判断、分类命名等，逐渐兴起了一门新的学问——金石学，涌现出许多著名的古器物鉴赏家和收藏家。只是囿于当时的历史条件，金石学家们无法了解所见文物的出土地点和情况，也难以涉及史前时代漫长的演进历程，因而长期以来始终脱离不了考证文字和证经补史的窠臼。即使如此，他们的艰辛努力和取得的成绩，还是为推动我国传统文化的发展起到了积极作用，并且在事实上也为中国考古学和中国文物学的起步铺设了最早的一段道路。

20 世纪初，近代考古学由西方传入。中国学者继承金石学的研究成果，学习并运用西方考古学方法，开始从事田野考古，通过历史物质文化遗存，探寻和认识古代社会，揭示人类社会发展规律。早在 1926 年，中国学者就自行主持山西南部汾河流域的调查和夏县西阴村史前遗址的发掘。随后，我国学者同美国研究机构合作，有计划地发掘周口店遗址，发现了北京猿人。从 1928 年起至 1937 年，连续十五次发掘安阳殷墟遗址，取得了较大收获，引起了国内外学术界的重视。自 20 世纪 50 年代以后，随着国家大规模经济建设的进行，田野考古勘探、调查和科学发掘工作在全国范围内蓬勃有序地开展，许多重要的典型遗址和墓地被揭露出来，重大发现举世瞩目。它们脉络清晰，层位分明，文化相连，不仅弥补了某些地域上的空白，而且衔接了年代上的缺环，为研究中国古代史、文化史、科学史以及其他学科领域，提供了珍贵、丰富的实物资料，极大地影响着人文社会科学诸多学科专业的研究与发展。这段时间被学术界称为中国考古学的黄金时代。在马列主义理论指导下，具有中国特色的考古学理论体系和方法论逐渐形成。有关研究成果不仅极大地改变和丰富了人们对中国文明起源、中国古史发展等重大问题的认识，同时也扩展了中国文物的研究领域和研究方式。可以说，考古学的发展与进步，直接影响到文物学的形成与发展，而且影响到全社会对文化遗产重要作用的认识以及世界学术界对中国古代文明的重新认识。

从20世纪80年代开始，文物界就中国文物学的创立，逐渐取得共识，在共同探讨的基础上，初步形成了学科体系。不少学者发表了有关论文，出版了专著，就文物的历史价值、科学价值、艺术价值以及在社会主义的物质文明与精神文明建设中如何对文物进行有效保护、合理利用发表意见。这些研究成果已获得学术界的赞同。

在这世纪之交和千年更替之际，对中国考古学和中国文物事业作一次世纪性的回顾和反思，给予科学的总结，是许多学者正在思考和研究的问题。如果能通过梳理20世纪以来重大发现和研究成果，透视学科自身成长的历程，从而展望未来发展的方向，以激励后来者继续攀登科学高峰，无疑是一件很有意义的事。为此，经过酝酿、商讨和广泛征求意见，我们约请一批学者（其中有相当多的中青年学者）就自己的专长选择一个专题，独立成篇，由文物出版社编辑出版一套《20世纪中国文物考古发现与研究丛书》，并以此作为向新世纪的献礼。

从某种意义上说，《20世纪中国文物考古发现与研究丛书》是一套学科发展史和学术研究史丛书。其内容包括对20世纪考古与文物工作概况的综合阐述；对一些重要的考古学文化和古代区域文化研究情况的叙述；对文物考古的专题研究；对重要的文物考古发现、发掘及研究的个例纪实。

此套丛书的内容面广，而且彼此关联。考虑到各选题在某些内容上难免会有重叠或复述，因此在编撰之初，我们要求各选题之间互有侧重，彼此补充，以期为读者了解 20 世纪中国考古学和文物学的发展提供更多的视角。

我国的文物与考古工作，虽在 20 世纪得到了迅速发展，但仍有许多重大学术问题需要进一步探索。我们主持编辑这套丛书，除了强调材料真实，考释有据，写作态度严谨求实外，也不回避以往在工作或研究上曾经产生的纰漏差错和不足之处，以便为今后的工作和研究提供借鉴。虽然我们尽了很大努力，但限于水平，各篇仍很难整齐划一。由于组稿和作者方面的困难和变化，一些计划中的题目也未能成书。这些不周之处，敬请专家、学者和广大读者批评指正。

在丛书编印过程中，我们得到了文物、考古界的广泛支持。何东先生在出版经费上给予了热情帮助。在此，一并深表感谢。

2000 年 6 月于北京

目　　录

插 图 目 录

前言

汉画像石是附属于墓室与地面祠堂、阙等建筑物上的雕刻装饰，是我国古代为丧葬礼俗服务的一种独特的艺术形式，具有浓郁的民族色彩和时代特征。因为是刻在石材上面的画，故称为画像石[1]。

由于画像石生动形象地记录了当时的社会生活，所以，成为研究汉代政治、经济、思想、艺术、风俗等方面内容的宝贵资料。已故著名史学家翦伯赞先生就非常重视汉画像石的历史资料价值。他认为"除了古人的遗物以外，再没有一种史料比绘画、雕刻更能反映出历史上的社会之具体的形象。同时，在中国历史上，也再没有一个时代比汉代更好在石板上刻出当时现实生活的形式和流行的故事来"。"这些石刻画像假如把它们有系统的搜辑起来，几乎可以成为一部绣像的汉代史"[2]。

考古学主要是以古代的物质文化遗存为其特有的研究对象的。对在我国分布广泛、遗存众多的汉画像石进行调查、发掘和研究，是考古学，尤其是汉代考古的一项重要内容，也是对汉画像石进行多方面综合研究的基础和先导。同时，汉画像石又是以造型艺术的形式呈现在人们眼前的，因此，又被纳入了美术史的研究领域。而它那包罗万象的图像内容所显示出的多方面的学术价值，又吸引了诸多学者的关注。本书主要是从考古学方面总结、评述 20 世纪汉画像石考古发现和研究成果，其中也涉及美术史家对汉画像石艺术的研究。

　　对汉画像石内容的著录与摹写，始自宋代。20 世纪以来，随着考古学在我国逐步确立，汉画像石被纳入了考古学研究领域，并被作为一种历史现象来考察。而对汉画像石的考古勘察、发掘和研究工作，特别是对地下汉画像石墓的考古发掘，则主要是在 1949 年以后的五十年间开展的。本书是在整理前人成果的基础上，对 20 世纪汉画像石考古发现和研究成果所作的一次综述。以期令有关研究及爱好者对 20 世纪，特别是 1949 年以后的汉画像石考古发现和研究成果，有一个较清晰、概括的了解，并在新的世纪到来之际，把汉画像石研究推向更高的水平。

　　最后还要说明一点的是，除画像石外，本书还涉及有关汉代画像砖的内容。汉代画像石与画像砖，虽然都是嵌砌、装饰于墓室中为丧葬服务的造型艺术，其题材内容也有相同性，但二者在遗存分布与存在状况、材料质地与成型技术、文化内涵及研究成果等方面，又有许多不同，不宜混为一体论述。故将"汉画像砖的发现与研究"单列一章，虽分量略少，亦可补阙，或与汉画像石内容参酌读之。

注　释

[1] 汉画像石艺术的成型技术虽属雕刻，但也包涵着绘画技法，按其整体艺术形态而言，又实似绘画。在汉代画像石墓的题铭中，就有直接称其为"画"的。见山东省博物馆、苍山县文化馆《山东苍山元嘉元年画像石墓》，《考古》1975 年第 2 期。

[2] 翦伯赞《秦汉史·序》，第 5 页，北京大学出版社 1983 年版。

一 汉画像石发现与研究简史

（一）金石学对汉画像石的著录

对汉代画像石的记录，首见于北魏郦道元的《水经注》。该书"济水"条较集中地记载了一些汉代石祠堂画像。其中延引东晋戴延之《西征记》曰："焦氏山北数里，有汉司隶校尉鲁恭冢。……冢前有石祠、石庙，四壁皆青石隐起，自书契以来，忠臣、孝子、贞妇、孔子及弟子七十二人形象，像边皆刻石记之，文字分明。"[1]这是对汉画像石最早的记录。另外，在"济水"条中还记述了汉荆州刺史李刚墓的石祠堂。其"四壁隐起雕刻，为君臣宦属，龟龙麟凤之文，飞禽走兽之像，作制工丽，不甚伤毁"。又提到平阴（今属山东）东北"巫山之上有石室，世谓之孝子堂"，以及金乡的朱鲔石室等。前者即为迄今仍较完整地保存于地面上的孝堂山石祠。从《水经注》对这些汉代石祠堂画像的记录情况看，虽然都是在记述水系和地理形势时顺便提及的，但可知当时已经把它们看作是有历史价值的遗存了。

自北宋开始，随着以研究古器物文字为主的金石学的兴起，一些金石学家开始有目的具体著录汉画像石。北宋末年赵明诚的《金石录》，第一次记录了山东嘉祥武氏祠画像及其榜题[2]。南宋洪适的《隶释》、《隶续》，进一步扩大了对各地汉画像石及铭刻的著录。比起赵氏的著录只有文字而无画像，

《隶续》又首开摹录汉画像石图像的先例。元、明时期，金石学渐衰，对汉画像石著录也少有提及者。

到了清代，金石学又重新兴盛起来。乾隆五十一年（公元1786年）和乾隆五十四年（公元1789年），金石学家黄易和李克正等人，在山东嘉祥武宅山掘出了湮没已久的武氏祠汉画像石。黄易在其《修武氏祠堂记略》中，曾惊喜地称："汉人碑刻世存无多，一旦搜得如许，且画像古朴，八分精妙，可谓生平奇遇"[3]。与此同时，黄易还与同仁好事者，精心策划，带头捐资，将掘出的画像石就地建屋保护，并请翁方纲撰碑棰石，以纪此盛事。不仅如此，他还制订价格取费，以杜绝滥拓之风。

武氏祠画像石的重大发现，使汉画像石的著录和研究更为盛行。自此到20世纪初，金石学对汉画像石的著作，或著录内容，或摹画图像，或考榜题故事，或作题跋品评，数量不下百种。其中较为重要的著作有翁方纲的《两汉金石记》，毕沅、阮元的《山左金石志》，黄易的《小蓬莱阁金石文字》，王昶的《金石萃编》，冯云鹏、冯云鹓的《金石索》，方朔的《枕经堂金石书画题跋》，瞿中溶的《汉武梁祠画像考》，刘喜海的《金石苑》，陆增祥的《八琼室金石补正》，端方的《陶斋藏石记》，王懿荣的《汉石存目》等。另外，在一些地方志或金石条目中，也著录了当地发现或遗存的汉画像石。此时，对汉画像石的著录不仅在地域和数量上大为增多，而且对内容的著录和研究也都加深了一步。如《山左金石志》中著录的汉画像石，仅山东所出就有一百五十余石，包括今嘉祥、济宁、金乡、微山、曲阜、邹城（原邹县）、汶上、新泰、长清等地，而且对所有的画像内容都作了较详细的文字描述。瞿中溶的《汉武梁祠画像考》亦是对汉画像石内容进行考证研究的力作。

金石学之法有人概括为"大约不出于著录、摹写、考释、评述四端。有存其目者，有录其文者，有图其形者，有摹其字者，有分地记载者，有分类编纂者。或考其时代，或述其制度，或释其文字，或评其书迹，至为详备"[4]。金石学对汉画像石的著录，不仅积累保存了许多汉画像石资料，而且对汉画像石的发现和研究有开创之功。但是，传统金石学对汉画像石的著录与研究是存在局限性的。一是著录的资料主要来自未经科学调查和发掘的零散画像石，有些甚至是依据收集来的拓片，而且不少旧拓本又擅意取舍，不取全貌；二是著录和研究内容多偏重于榜题文字，对大量无榜题的画像与花纹则不甚注意；三是有些著述题跋只是品评拓本的善劣，囿于鉴赏。此外，对汉画像石的雕刻技法等问题的研究，也未能涉及。由于受到时代和方法的局限，金石学不可能对汉画像石作全面的考察。

（二）汉画像石研究逐步纳入考古学领域

20世纪初，随着近代考古学在我国的产生和确立，对汉画像石的发现与研究也开始走出金石学家的书斋，逐步迈入田野考古学的领域，而金石学的著录方法仍被沿用。

在20世纪初的二十年间，法国的沙畹、色伽兰和日本的关野贞等，分别调查了山东、河南、四川等地的汉代石祠、石阙、崖墓及其画像，并运用照相、测量、绘图等近代考古方法进行了记录。日本大村西崖的《支那美术史·雕塑篇》则以照片方式著录了许多汉画像原石与拓片资料，并第一次将其纳入美术史的范畴予以介绍[5]。1933 年，原中央研究院历史语言研究所在山东滕州（原滕县）发掘了一座汉画像石墓（传称"曹王墓"）。这是第一次对汉画像石墓的正规发掘[6]。在抗日战争时期，原中央研究院和中国营造学社的一些学者，又对四川彭山、乐山及重庆等地的汉代崖墓及画像石棺、石阙做过一些调查、发掘[7]。

三四十年代，各地又有新的零散汉画像石发现和著录。继董作宾在 20 年代（时为北京大学国学门的研究生）于其家乡南阳发现汉画像石后，其他学者接踵而至，相继有关百益的《南阳汉画像集》和孙文青的《南阳汉画像汇存》出版，刊载汉画像石拓本一百四十余幅，使南阳地区的汉画像石首次为世人所知[8]。在原山东省立图书馆馆长王献唐的主持下，为该馆附设的金石保存所收集了山东滕州等地出土的许多汉画像石，并编著了《山东省立图书馆金石志初稿》。除著录本馆收藏的汉画像石外，还列举了山东乃至全国各地发现的汉画像石情况[9]。1936 年，又有容庚的《汉武梁祠画像录》问世。该书对武氏祠画像石专门作了较全面、系统的介绍，但其内容还是基本沿用金石学著作。40 年代末，傅惜华收集汇聚了全国各地的汉画像石拓片千余幅，于 50 年代初出版了《汉代画像全集》初编、二编[10]。虽其著录的都是山东汉画像石，而原先拟就的其他地区汉画像石的三编、四编未能再编辑出版，但也为汉画像石的资料积累做出了一定成绩。

从总的情况来看，20 世纪初至 40 年代末对汉画像石资料的积累，虽然还主要是通过调查进行的，考古发掘做得较少且零散，但已经开始了较科学的收集和著录。对汉画像石的研究也突破以往对画像题材内容孤立的考证，而将其作为一种历史现象来考察。中国营造学社及国外学者对山东、河南、四川等石祠、石阙形制所做的调查注重对汉画像石所在建筑物形制和整体面貌的探讨。在这方面，美国的费慰梅于40年代初对武氏祠画像石的考察与利用画像石拓片所作的石祠复原图和有关问题的探讨，对认识这些零散汉画像石的相互关系与其本有的涵义，在理论和方法上都有重要意义[11]。另外，随着对汉画像石研究范围的不断扩展和有关资料的大量积累，此期还出现了一些专题的研究文章。特别值得提到的是，原为金石学家所忽略的汉画像石雕刻技法与艺术风格也得到重视，关野贞、沙畹、费慰梅等外国学者对此都曾作过分析。30年代，滕固发表的《南阳汉画像石刻之历史的及风格的考察》一文，把对汉画像石雕刻技法的分析提到重要地位，并通过与希腊、罗马等石刻艺术的雕刻技法对比，把汉画像石的雕刻技法分成"拟绘画的"和"拟浮雕的"两大类[12]。这一见解，至今看来仍是可以遵循的基本分类。

（三）汉画像石研究的进一步发展

50年代以后，随着社会主义建设和文物考古事业的发展，汉画像石的发现和研究工作有了长足的进展，取得了显著成绩。1954年，对山东沂南北寨村大型汉画像石墓的发掘，正式揭开了汉画像石墓大规模考古发掘的序幕。其首次发表的较系统、详实的发掘报告[13]，推动了汉画像石发掘和研究工作的全面开展。

根据各地发掘和出土汉画像石的情况，从50年代初到60年代中期，在山东、苏北地区，河南南阳地区，陕北绥德地区，四川成都及重庆等地，都相继发现了大批的汉画像石墓，从而为认识和划分汉画像石的主要分布区域进一步提供了实据。在以后的十年里，文物考古事业受到严重干扰，对汉画像石的发掘与研究工作也做得较少。进入 70 年代晚期以后，随着我国改革开放和各项事业的蓬勃发展，汉画像石的发现与研究工作有了更大的进展。除在上述各个地区都有大量新的发现外，在地域上又有扩展，如在与山东、苏北相邻的皖北、豫东地区，与河南南阳相邻的鄂北地区，与陕北相邻的晋西北地区等，都陆续进行了汉画像石墓的发掘工作。另外，在浙江海宁，河南中部的新密（原密县）等地，也发现或发表了重要的汉画像石墓资料。这使得我们对汉画像石的地域分布及其面貌有了新的更充分的认识。70 年代末，在山东、苏北与河南南阳两个汉画像石分布的中心区域，相继发现了属于西汉时期的早期画像石墓。如在鲁南、苏北地区发掘的一大批小型画像石椁墓，早的可到西汉武帝时期。在河南南阳地区的唐河石灰窑、湖阳镇和南阳赵寨等地，也都发现了属于西汉时期的画像石墓。其中特别重要的是唐河新店始建于天凤五年（公元 18 年）的冯孺久墓。这座有纪年铭的汉画像石墓的发掘[14]，改变了对上述地区汉画像石产生时间的传统看法，对汉画像石的产生和分期的研究具有重要意义。

　　50 年代以来，随着对汉画像石墓的发掘和出土实物日益增多，陆续出版了许多按地域编排的汉画像石图录[15]，并在《中国美术全集》中选录了全国范围的汉画像石[16]。这些图录除对画像石的图像进行著录并作文字说明外，大多又有对各地区汉画像石研究的概论文章，为汉画像石的研究和更广泛的利用提供了资料。由于汉画像石生动形象地记录了当时社会生活，其丰富的内容和诸多方面的价值日益显示出来，对汉画像石内容及其艺术形式的分析研究也广泛展开。除考古学和美术史的研究之外，又吸引了音乐、舞蹈、杂技、体育以及科学技术、宗教、民俗等诸多学科的参与[17]。尤其在近十几年来，汉画像石研究逐渐出现了一个活跃兴盛的局面。

汉画像石考古研究，也由于其科学手段的加强和资料积累的日益丰富，水平不断提高，研究的范围与课题进一步扩展与深入。随着我国考古研究注重通过实物资料对其所反映的社会关系的探索，以及考古学文化的区域类型和分期断代课题研究的开展，对汉画像石的研究也注意到各地发展的不平衡性和阶段性，即其区域类型和分期问题。大约从 60 年代开始，山东、江苏、河南等地的文物考古工作者，先后对这些地区汉画像石的分布状况、社会背景、雕刻技法、题材内容、地域特征及分期问题等进行了分析探讨[18]。80 年代初编写出版的《新中国的考古发现和研究》一书，曾以考古类型学和年代学的方法，初步将全国范围内的汉画像石进行分区，并作了汉画像石墓编年分期的探讨[19]。而后，信立祥的《汉画像石的分区与分期研究》一文，进一步打破行政的省区界限，对汉画像石的区域划分与分期断代及相关问题，进行了较全面的分析研究[20]。另外，在以往对汉画像石社会背景研究的基础上，对汉画像石产生背景及其艺术功能问题又有进一步的探讨和分析[21]。

在对地面石祠堂及其画像的研究和认识方面，也取得了明显的进展。80 年代初，蒋英炬、吴文祺等通过实地的详细考察，最终解决了武氏祠的科学复原问题，准确完成了武梁祠、前石室、左石室诸祠画像石的建筑配置，并在此基础上对武氏祠画像石进行了系统的整理研究，使这批久负盛名的零散祠堂画像石成为完整的科学资料[22]。此后不久，又在山东嘉祥宋山新出土的零散汉画像石中，发现并成功复原了现已不存在的另一种汉代墓地小石祠，并从这种小祠堂的特征上，认识到现存的许多画像石原本是这种已毁掉的小祠堂构件[23]。从而，在此基础上又有了对汉代墓地石祠堂的形制及其画像配置规律、内容特点等做出的进一步的论证[24]。这使已经散乱的大量汉画像石，能够返其原有位置，重显本来面貌，更有利于汉画像石研究的深入开展。

与此同时，国外与港台学者对汉画像石也做了许多研究工作。如日本长广敏雄的《汉代画像の研究》一书，对汉代画像石、画像砖等作了综合比较研究。书中还收录了德国学者道利斯·库劳瓦森关于分析武氏祠画像透视方法的论文，是一篇具有新意的佳作。林巳奈夫对汉画像石中的车马出行制度、鬼神画像的涵义，在题材内容的解释方面则颇为深刻。曾布川宽对汉画像石中的升仙图像亦进行了研究。土居淑子的《古代中国画像石》又作了较综合性的论述，并提出把汉画像石作为坟墓艺术并纳入世界坟墓艺术的视野来考察。在美国，巫鸿出版了《武梁祠——中国古代图像艺术的意识形态》一书。其极具新意的阐释，为汉画像石艺术史的研究开创了新的空间，在欧美艺术界曾产生较大影响。不过，他所推演的关于武梁祠画像是出自武梁本人的设计，以及祠堂后壁中央楼阙人物中的主人是汉朝皇帝等论点还值得商榷。台湾学者邢义田在其近年的著作中，也有不少关于汉画像石的研究或评述[25]。

总之，从 20 世纪 50 年代以来，对汉画像石的研究不论从对题材内容的解释、雕刻技法的分析，还是从对重要散乱画像石建筑原貌的复原、区域划分与分期断代，以及产生和发展的历史背景等方面，都有了长足的发展，成绩斐然。近年，信立祥又在这些研究成果的基础上，撰文出版了《中国汉代画像石の研究》一书。这是一部较全面系统地分析研究汉画像石的专著，填补了我国汉画像石研究中的一项空白[26]。

通过以上简要的历史回顾，我们不仅可以看到汉画像石的发现与研究有着源远流长的历史，更可以看到自 20 世纪以来，特别是在 50 年代以后，随着我国文物考古事业的发展，汉画像石发现与研究工作取得了丰硕的成果。

注　释

[1] 郦道元《水经注》卷八，第 291 页，王国维校注本，上海人民出版社 1984 年版。又按："鲁恭"应为"鲁峻"。赵明诚《金石录》卷十六《汉司隶校尉鲁峻碑》中记："今墓与石室尚存，惟此碑为人辇至县学矣。余尝得石室所刻画像，与延之所记合。又其他地理书如《方舆志》、《寰宇记》之类，皆作峻，惟《水经注》误转写为恭尔。"现鲁峻碑仍保存于山东济宁市博物馆。

[2] 赵明诚《金石录》卷十九载："右汉武氏石室画像五卷。武氏有数墓在今济州任城，墓前有石室，四壁刻古圣贤画像，小字八分书题记姓名，往往为赞于其上，文词古雅，字画遒劲可喜。故尽录之，以资博览。"

[3] 文载翁方纲《两汉金石记》卷十五，第四十五页，乾隆五十四年刻本。

[4] 朱剑心《金石学》，第 20 页，商务印书馆 1948 年版。

[5] Chavannes Edouard, La sculpture sur pierre en Chine au temps des deus dynasties Han, Paris, 1893；Mission archeologigue dans la Chine septentrionale, Paris, 1913；色伽兰著、冯承钧译《中国西部考古记》，中华书局 1955 年版；关野贞《支那山东省における汉代坟墓の表饰》，东京，1916 年版；大村西崖《支那美术史》，东京印刷株式会社 1916 年版。

[6] 此次发掘资料大多遗失。见董作宾《山东滕县曹王墓汉画像残石》，《大陆杂志》第 21 卷 12 期，台北，1960 年。

[7] 常任侠《巴县沙坪坝出土之棺画研究》，《金陵学报》第 8 卷 1、2 期合刊，

1938 年;《沙坪坝出土之石棺画像研究》,《说文月刊》第 1 卷,1943 年 11月;南京博物院《四川彭山汉代崖墓》,文物出版社 1991 年版。

[8] 关百益《南阳汉画像集》,上海中华书局 1930 年版;孙文青《南阳汉画像汇存》,金陵大学中国文化研究所 1937 年版。

[9] 董井《山东省立图书馆金石志初稿》,《山东省立图书馆季刊》1931 年第 1集 1 期。

[10] 傅惜华《汉代画像全集》初编,巴黎大学北京汉学研究所 1950 年版;二编,1951 年版。

[11] 费慰梅著、王世襄译《汉"武梁祠"建筑原形考》,《中国营造学社汇刊》1941 年第 7 卷 2 期。

[12] 滕固《南阳汉画像石刻之历史的及风格的考察》,《张菊生先生七十生日纪念论文集》,上海商务印书馆 1937 年版。

[13] 南京博物院、山东省文物管理处《沂南古画像石墓发掘报告》,文化部文物管理局 1956 年版。

[14] 南阳地区文物队、南阳博物馆《唐河汉郁平大尹冯君孺人画像石墓》,《考古学报》1980 年第 2 期。原报告中的"冯君孺人"的"人"字,实为"久"。

[15] 江苏省文物管理委员会《江苏徐州汉画像石》,科学出版社 1959 年版;徐州博物馆《徐州汉画像石》,江苏美术出版社 1985 年版;山东省博物馆、山东省文物考古研究所《山东汉画像石选集》,齐鲁书社 1982 年版;山东石刻艺术博物馆《山东汉画像石精萃》(原大影印),齐鲁书社 1996 年版;朱锡禄《嘉祥汉画像石》,山东美术出版社 1992 年版;南阳汉代画像石编辑委员会《南阳汉代画像石》,文物出版社 1985 年版;王建中、闪修山《南阳两汉画像石》,文物出版社 1990 年版;阎根齐、米景周《商丘汉画像石》,河南美术出版社 1992 年版;陕西省博物馆《陕北东汉画像石选集》,文物出版社1959 年版;陕西省博物馆《陕北东汉画像石》,陕西人民美术出版社 1985年版;李林、康兰英、赵力光《陕北汉代画像石》,陕西人民出版社 1995 年版;闻宥《四川汉代画像选集》,上海群联出版社 1955 年版;高文《四川汉代画像石》,巴蜀书社 1987 年版。

[16] 《中国美术全集·绘画编·画像石画像砖》,上海人民美术出版社 1988 年版。又在《中国美术分类全集》中,将《中国画像石全集》单列一类,含山东画像石三卷,江苏、浙江、安徽画像石一卷,山西、陕西画像石一卷,河南画像石一卷,四川画像石一卷,石刻线画一卷,共计八卷,也即将出版。

[17] 南阳汉代画像石学术讨论会办公室《汉代画像石研究》,文物出版社 1987 年

版；'93 中国·南阳汉画国际学术研讨会论文集《汉代画像石、砖研究》，《中原文物》1996 年增刊等。

[18] 李发林《略谈汉画像石的雕刻技法及其分期》，《考古》1965 年第 4 期；蒋英炬、吴文祺《试论山东汉画像石的分布、刻法与分期》，《考古与文物》1980 年第 4 期；河南省博物馆《南阳汉画像石概述》，《文物》1973 年第 6 期；周到、吕品《南阳汉画像石简论》，《中原文物》1982 年第 2 期；赵成甫《南阳汉画像石墓分期管见》，《汉代画像石研究》，文物出版社 1987 年版；孙广清《河南汉代画像石的分布与区域类型》，《华夏考古》1991 年第 3 期；徐州博物馆《论徐州汉画像石》，《文物》1980 年第 2 期；王恺《苏鲁豫交界地区汉画像石墓的分期》，《中原文物》1990 年第 1 期等。另外，在注释 [15] 所列各图录中，也有对这些内容的综合论述。

[19] 高炜《汉代的画像石墓》，《新中国的考古发现和研究》，第 451～456 页，文物出版社 1984 年版。

[20] 信立祥《汉画像石的分区与分期研究》，《考古类型学的理论与实践》，文物出版社 1989 年版。

[21] 蒋英炬《关于汉画像石产生背景与艺术功能的思考》，《考古》1998 年第 11 期。

[22] 蒋英炬、吴文祺《武氏祠画像石建筑配置考》，《考古学报》1981 年第 2 期；《汉代武氏墓群石刻研究》，山东美术出版社 1995 年版。

[23] 蒋英炬《汉代的小祠堂——嘉祥宋山汉画像石的建筑复原》，《考古》1983 年第 8 期。

[24] 信立祥《论汉代的墓上祠堂及其画像》，《汉代画像石研究》，文物出版社 1987 年版。

[25] 长广敏雄《汉代画像の研究》，《京都大学人文研究所研究报告》，1965 年版；林巳奈夫《后汉时代の车马行列》，《东方学报》第 37 册，京都，1966 年；《汉代鬼神の世界》，《东方学报》第 46 册，京都，1974 年；曾布川宽《汉代画像石における升仙图の系谱》，《东方学报》第 65 册，京都，1993 年；土居淑子《古代中国画像石》，日本同朋社 1986 年版。Wu Hong（巫鸿）The Wu Liang Shrie: The Ideology of Early Chinese Pictorial Art, Stanford: Stanford University Press, 1989. 邢义田《汉代画像内容与榜题的关系》，《故宫文物月刊》第 14 卷 5 期，台湾，1996 年；《汉碑、汉画和石工的关系》，《故宫文物月刊》第 14 卷 4 期，台湾，1996 年；《武氏祠研究的一些问题》，《新史学》第 8 卷 4 期，台湾，1997 年。

[26] 信立祥《中国汉代画像石の研究》，日本同成社，1996 年版。参见杨泓《汉画像石研究的新成果——评〈中国汉代画像石研究〉》，《考古》1997 年第 9 期。

二 汉画像石的分布与历史背景

（一）分布区域

从全国范围历年发现和出土的汉画像石地点来看，在东至沿海地区，西到四川、甘肃，南抵浙江、云南，北达榆林、包头的广阔地域内，都有大量的汉画像石遗存。按已有的资料显示，汉画像石主要集中分布于以下四个大的区域。

一是山东、苏北、皖北、豫东区。其分布大致以鲁南的济宁、枣庄、临沂地区和苏北徐州地区为中心，范围包括了山东、江苏两省黄、淮之间的大部分地区以及皖北、豫东地区，东至沿海地区，西到豫东商丘一带，北到胶东半岛及黄河以北也有少量发现。主要地点有山东的嘉祥、金乡、鱼台、微山、济宁、汶上、曲阜、邹城、滕州、枣庄、临沂、苍山、平邑、费县、莒南、莒县、沂南、泰安、长清、肥城、章丘、安丘、诸城、福山，江苏的徐州、铜山、睢宁、邳州（原邳县）、新沂、连云港、赣榆、东海、丰县、沛县、泗洪、泗阳、射阳，安徽的定远、宿州（原宿县）、亳州（原亳县），河南的永城、夏邑等。这是汉画像石分布面积最广的一个区域。

二是豫南、鄂北区。其分布以南阳为中心，东到唐河、桐柏，北到叶县、襄城，南抵长江北岸的当阳、随州（原随县）一带。主要地点有河南的南阳、唐河、邓州（原邓县）、桐柏、新野、社旗、方城、襄城，湖北的当阳、随州等。这是汉画像石分布与发现较集中的一个区域。

三是陕北、晋西北地区。主要分布在陕西、山西两省北部黄河沿岸地区。陕北汉画像石以绥德、米脂较多，北到榆林，东沿黄河的神木、吴堡、清涧，西至子洲、横山等地，也都有汉画像石遗存。晋西北地区汉画像石分布在三川河流域，主要地点有离石、中阳、柳林等。

四是四川、重庆、滇北地区。多集中分布于嘉陵江和岷江流域，主要地点有渠县、忠县、合川、成都、彭山、乐山、新津、梓潼、雅安、宜宾以及重庆和云南的昭通等地。

除上述四个区域以外，汉画像石在河南的新密、登封、洛阳，陕西的彬县（原邠县），甘肃的成县，江苏的镇江，浙江的海宁，贵州的金沙，河北的满城，北京及内蒙古包头等地，也都有不同数量的发现。

（二）历史背景

1. 汉画像石是特定历史阶段的产物

汉画像石的产生和发展是一种社会文化现象，是一个特定历史阶段的产物，其所反映的是汉代社会的经济、政治和占主流的思想，以及由此而形成的墓葬制度与习俗方面的变化。社会文化背景发生了变化，具有独特艺术形式和内容的画像石及其构筑的墓室、祠堂等墓葬建筑，也就会衰落甚至消失。

根据目前全国范围发现的资料判断分析，汉画像石大致产生于西汉武帝以后，衰落或消亡于东汉末年，其间经历了约三百年的发展过程。因各地条件不同和历史发展的不平衡，汉画像石出现和兴盛的时期也有不同。在汉画像石分布较集中的四个大的区域中，山东、苏北与河南南阳，是汉画像石最为丰富、发育较成熟的两个中心区域。其产生时间早，大约都在西汉武帝或以后的昭、宣时期，且延续发展的时间长，发展水平也较高。而在陕北、晋西北与四川地区，汉画像石出现兴起的时间较晚，大致都在东汉早期或中期以后。这或是受到上述中心区域的影响而在本地条件下发展起来的独立汉画像石区域。在四个大区以外零星发现汉画像石的地方，更是不同程度地受上述区域的影响或由这些区域波及所致，而后也没有出现与形成进一步扩展的趋势。

各区域汉画像石产生的时间虽有早晚不同，但其衰亡的时间却大体一致，为东汉末年。东汉灵帝光和七年（公元184年）以后，发生了黄巾大起义，青徐黄巾军与汝南黄巾军，分别扫荡了山东、苏北与河南南阳等两个汉画像石中心区域的地主豪强势力。东汉王朝岌岌可危，社会动荡不安。在这种情况下，不仅无法继续维持建造耗财费时的画像石墓，更重要的是那种营建画像石墓、石祠堂的社会力量和经济条件也逐渐衰落了。随着东汉帝国势力的衰落，陕北、晋西北地区成为匈奴南下控制之地，汉画像石发展的社会基础已不复存在。在东汉末年的社会大动乱中，唯有在相对稳定的四川地区，汉画像石延续到大致稍晚的三国蜀汉时期，不过那已成为支流末节了。从总体来看，汉画像石到黄巾起义后的东汉末年就基本衰亡了。

由此看来，东汉末年的黄巾大起义和由此带来的社会动荡，使画像石存在的社会经济基础和思想意识发生了变化，整个汉画像石艺术也就迅速衰落了。此后，石刻艺术也转向了新的领域。东汉末年以后，儒家的谶纬之说不再盛行，佛教得到越来越广泛的传播，与之相应的佛教石刻艺术随之兴起。尽管以后在南北朝、隋唐等时期，都有在石棺、石柱子上雕刻的艺术作品，但它和特定的形式及内容统一体的汉画像石艺术已不是一回事了。所以说汉画像石艺术是一个特定历史阶段的产物。

2. 汉代社会经济的发展

秦始皇统一六国，结束了春秋战国时期以来诸侯争霸的局面，建立了历史上前所未有的统一的中央集权大帝国，为此后社会经济、政治的发展奠定了基础。而秦王朝的耗力过剧和导致其短命而亡的战争，又使当时的社会经济遭到严重破坏，以致在西汉初年，仍国力不足，经济凋敝，故有所谓"自天子不能具醇驷，而将相或乘牛车。"[1]汉文帝"治霸陵，皆瓦器，不得以金银铜锡为饰，因其山，不起坟"[2]，也从一个侧面反映出当时社会经济匮乏，统治阶级缺少奢华生活和厚葬的条件。

西汉王朝建立后，鉴秦之弊，实行休养生息政策，经济得到恢复，国力逐步强盛起来。据《汉书·食货志》记，汉兴以来，"至武帝之初七十年间，国家亡事，非遇水旱，则民人给家足，都鄙廪庾尽满，而府库余财。京师之钱累百巨万，贯朽而不可校。太仓之粟陈陈相因，充溢露积于外，腐败不可食。众庶街巷有马，阡陌之间成群"[3]。虽有溢美之辞，但也可看出社会经济得到恢复和发展的情况。到汉武帝时期，在逐步积累稳固的经济、政治基础上，进一步加强了中央集权，开拓四边，削弱地方诸侯王势力，实行国家垄断冶铁、煮盐、铸钱等行业的经济政策，一个统一的多民族的封建中央集权国家得到巩固和发展。社会生产和物质文化生活发生了明显的变化，如铁制的兵器、农具、手工工具与牛耕等得到较普遍的推广和使用，全国各地的文化交流和统一的文化面貌也进一步得到加强。与此同时，随着汉代社会生产力的进步，土地私有制进一步确立。自西汉中期以后，大土地所有制的地主经济得到发展，各地具有营造画像石墓室、祠堂力量的社会阶层或豪门集团成长壮大起来，为汉画像石墓葬的兴起提供了经济基础。特别是到东汉时期，土地兼并逐步加剧，豪强地主兼营商业，富商大贾兼并土地，形成了以大土地所有制为基础的封建豪强地主经济。东汉仲长统称："豪人之室，连栋数百，膏田满野，奴婢千群，徒附万计。船车贾贩，周于四方，废居积贮，满于都城。琦赂宝华，巨室不能容，马牛羊豕，山谷不能受。妖童美妾，填乎绮室，倡讴伎乐，列乎深堂。"[4]类似情景在汉画像石中也有明显的反映。这种膨胀发展起来的大土地所有制的封建地主经济，更推动了汉代厚葬之风和画像石墓的盛行。

3. 汉代墓葬制度的变化与厚葬的盛行

汉画像石出现在武帝以后，这种现象的产生并非偶然。正是在这一时期以后，随着社会经济发展和社会生活领域发生较大变化，整个社会的墓葬制度礼俗也发生了显著的变化。由各地发现的大量的考古资料显示，在武帝以前的西汉早期，墓葬的土圹竖穴、棺椁制度与随葬器物组合等方面，都还较多地保存着战国时期墓葬礼制的遗风，而到武帝时期以后，各种砖、石砌的洞室墓，开凿岩石的石圹墓、崖洞墓，以及以石代木的石椁墓等，都开始涌现出来。其墓葬形制结构变化发展的趋向，则是愈加仿效生活居住的第宅建筑。在汉代，人们把地下的墓葬建筑也称作"宅"、"室"、"室宅"等。这在汉画像石墓的题铭中有明确记载[5]。在墓内的随葬器物方面，打破了成组的陶、铜器（如鼎、豆、壶）等固定式组合，增加了各种日常生活用品，如象征生前生活的各种楼阁、仓房、灶、井、磨、厕圈以及鸡、鸭、猪、狗等模型器物。而后，这种变化愈演愈烈，凡人生衣食住行等象征之物皆可纳入墓葬之中。从墓葬形制和随葬器物变化发展的总趋势看，都是更加仿效或贴近现实人生。

汉画像石墓是这种变化趋势中一种顺乎潮流的扩展或延伸。尤其那些早期汉画像石墓所刻画表现的内容，不论是在鲁南、苏北地区还是河南南阳地区，都是一些门阙、厅堂、树木或人物、车马等，不仅题材简单，更主要的都是仿效现实生活的图像。这种早期汉画像石所显示的初始萌动态势，完全和墓葬变化的趋势一致。这些画像的作用和意义，在一定程度上就是随葬品的代替、扩展或延伸。汉画像石产生以后，由于这种艺术形式和其本身"寿如金石"的特性，在当时的丧葬礼俗方面，有着独到或不可替代的作用。其影响不断扩大，并越来越为上层社会人们所采用，由此更加推动了它的发展，使之内容和形式更加丰富多彩。

影响这种墓葬礼俗变化和汉画像石产生、发展背景的，是随着社会发展而产生的思想观念的变化与汉代厚葬之风的盛行。春秋、战国时期以来天道观的衰弱和抑天尚土、人本思想的兴起，进一步体现在汉代社会的思想意识和人们的生死观念上。对天和天命的敬畏心理的散失与疏远，自然就会重视到人，重视人们赖以生活的土地或者其他物质因素。这种抑天尚土的人本思想，不仅有先秦诸子百家的论说，更付诸于政治主张和社会实践中。通过战国时期以来诸侯兼并战争，到秦皇、汉武时期建立和巩固的统一帝国，这种社会历史的变化，更促使人们从感性和理性上接受尚土观念和人本思想，并由此形成汉代"重农抑末"的道德规范。西汉武帝以后，在墓葬制度礼俗方面发生的重大变化，以及在此变化中产生的画像石墓，也都说明了这一点。由此看墓葬制度礼俗变化的趋向，以及推动这种变化发展的社会厚葬意识和风气，都和人本思想的发展有关，说明人们的视线逐步转向了现实的生活和自身。汉代人们所谓"事死如生"、"事亡如存"的厚葬观念和行为，反映了对人生的重视和企图对人生的仿效再现。这从汉画像石内容和艺术形式的整体面貌特征上也体现出来。汉画像石所刻画的不再是那种神秘、恐怖的图像，而是充满人间生活趣味和主观愿望的生动活泼的艺术形象。

汉代社会的厚葬风气更推动着墓葬制度的变化与画像石艺术的发展。汉武帝采纳董仲舒的建议，"罢黜百家，独尊儒术"，儒家思想学说在社会政治、思想中逐步占据了统治地位。儒家所提倡的以孝为仁之本的思想和三纲五常的伦理道德规范，适应着汉代大土地所有制迅速发展的经济基础，符合为巩固这种封建家族关系和社会统治秩序的需要。所以，孝的思想和孝亲行为更为封建统治阶级推崇和重视。东汉时期尤重"孝悌"，当时选拔官吏推行"举孝廉"制度。而孝的一个突出表现，就是对父母等先人奉行厚葬，因而人们"崇饬丧纪以言孝，盛飨宾客以求名"[6]，通过大操大办的厚葬以博取孝的美名。从西汉中期至东汉末，社会上出现了"世以厚葬为德，薄终为鄙"的现象[7]。推行厚葬的风气越来越炽盛，尤其在封建统治阶级中，出现了"京师贵戚，郡县豪家，生不极养，死乃崇丧。或至刻金镂玉，楠梓梗楠，良田造茔，黄壤致藏，多埋珍宝，偶人车马，造起大冢，广种松柏，庐舍祠堂，崇侈上僭"。不仅贵族豪门如此，及至中产之家，"边远下士，亦竞相仿效"[8]。就在这种"崇饬丧纪"的厚葬风气之中，用画像石营造的墓室、祠堂等墓葬建筑物得以发展兴盛起来。

由上述汉画像石产生、发展的社会历史背景可知，其比较集中分布于四个区域的现象并非偶然。这些地区都是当时经济、文化较为发达的地方，陕北、晋西北地区虽然在经济上较其他三个地区落后，但在东汉时期农牧业得到很大发展，因此，皆具有发展画像石的历史条件。

注　释

[1]《汉书·文帝纪》卷四，第134页，中华书局1962年点校本。

[2]同[1]，卷二十四"食货志"，第1127页。

[3]同[1]，卷二十四，第1135页。

[4]《后汉书·仲长统传》卷四十九，第1648页，中华书局1965年点校本。

[5]如陕西米脂东汉牛文明画像石墓有"永初元年九月十六日牛文明千万岁室"、绥德王得元墓有"永元十二年四月八日王得元室宅"的题铭。

[6]王符《潜夫论·务本篇》，《诸子集成》第8册，第9页，上海书店1986年影印本。

[7]《后汉书·光武帝纪》卷一，第51页，中华书局1965年点校本。

[8]同[6]，"浮侈篇"，第57～58页。

三　汉画像石的雕刻技法

（一）制作工艺和艺术属性

汉画像石上的图像与花纹，是在预先制好的石质建筑构件上雕刻而成的。就其制作的工艺程序而言，是先在石面上用墨线勾勒出画样底稿，然后再根据底稿用刀、钻雕刻而成。在陕北绥德、米脂等地出土的一些画像石上，还残留有勾画底稿的墨线痕迹就是明证。在山东东阿芗他君祠堂石柱的题铭中，有简称"师"的石工和称作"画师"的画工两类匠师[1]，说明画像石的制作是由石工和画工共同完成的。或许也有绘画与雕刻兼长的匠师，如制作著名的武梁祠画像的"良匠卫改，雕文刻画，罗列成行，摅骋技巧，委蛇有章。"[2]关于汉画像石制作的具体分工，是个较为复杂和有待进一步研究的问题。不过，按一般情理和实际情况推断，像画像石这种面积大、图像多且有一定内容布局的雕刻，不论多么高明的匠师，在动刀刻制之前，必须是先要在石面上绘出底稿的。所以，汉画像石的制作，实际上包括着绘画和雕刻两种不同的技法。

汉画像石不仅在制作上包括绘画和雕刻两种技法，而且在其面貌特征上也确实带有绘画和雕刻的两重属性。其一，在汉画像石艺术的造型表现中，阴线刻占据主导地位。这和中国传统的以线条为主的绘画是一致的，故在雕刻技法中也反映出绘画的特点。汉画像石又有类似绘画的画面经营与布局，其使用情况又近似壁画，有些地方出土的画像石图像上还带有彩绘的痕迹，因而，从其整体艺术形态来看，实似绘画。故在有的汉画像石的题铭中称其为"画"。其二，汉画像石的艺术造型是雕刻成的，按其成型技术来说，应属雕刻。它确实又与绘画有所不同，绘画的特点在于用笔，那种笔致传出的深邃微妙境地，在汉画像石刻中是难以寻觅的。所以，对汉画像石的艺术属性，过去有人把它看作是雕刻，也有人把它看作是绘画，以致对它的名称存在很大的分歧。但是，比较客观和一致的意见，还是把汉画像石作为一个整体来看待[3]。实际上，汉画像石既不是独立的绘画艺术，也不是独立的雕刻艺术，而是包括建筑在内的一种综合性艺术。不过，从现在所能看到的汉画像石造型艺术来说，主要是探讨其雕刻技法。

（二）雕刻技法的分类

关于汉画像石的雕刻技法，自 20 世纪以来，已有人进行了不少的分析研究，其中滕固早在 30 年代就对此作了较概括的分类。他指出："石刻画像正像欧洲的浮雕（Relief），有其自己的地位。""在佛教艺术以前，中国从未有过类乎希腊的浮雕。但中国的石刻画像也有好几种，如孝堂山和武梁祠的刻像，因为其底地磨平，阴勒的线条用得丰富而巧妙，所以尤近于绘画，像南阳石刻都是平浅浮雕而加以粗率劲直的线条勾勒，和绘画实有相当的距离。所以我对于中国的石刻画像，也想大别为两种，其一是拟浮雕的，南阳石刻属于这一类，其二是拟绘画的，孝堂山武梁祠的产品属于这一类"[4]。滕固当年虽然所见有限，但他的这一分类原则，至今仍未失去意义。因为，像这种在石面上雕刻图像造型，基本上不外乎阴勒线条和阳凸浮起两种形式。

滕固对汉画像石雕刻技法的分类虽较为概括，但也显得过于简单，不能够充分地反映其多样的表现形式。而后在对汉画像石雕刻技法的具体分类和定名上，虽也有各种不同意见和表述方法，但其趋向还是大体一致的。到 80 年代，对汉画像石雕刻技法有了比较恰当而成熟的分类，即为线刻、凹面线刻、减地平面线刻、浅浮雕、高浮雕、透雕六种，或进一步用考古类型学方法归纳为六型十二式[5]。现依据上述汉画像石雕刻技法的分类，并参照有关资料，论述如下：

1. 线刻

图像全部用阴线条表现。在这一类刻法中，因对石面的处理不同，又可大体分为以下四种：

（1）糙面线刻，即将图像刻在未经磨砻的粗糙石面上。如山东邹城"食斋祠园"、羊场村、王石村画像石（图一，1）。

（2）凿纹地线刻，即将图像刻在打制石料时留下的凿纹地上。如山东临沂庆云山 2 号石椁墓东壁画像。

（3）平面线刻，即将图像刻在平整磨光的石面上。如安徽亳州董园村 2 号墓甬道人物画像（图一，2）、山东诸城前凉台墓画像石。山东福山东留公村墓墓门车马画像，在磨光石面上又刻有极浅的阴线，也属于这一种。

（4）在阴线刻图像轮廓线内，加饰麻点、鳞纹等细部。如山东曲阜东安汉里画像石（图一，3）。

2. 凹面线刻

也有称其为凹面刻、凹像刻或凹入平面雕的，皆属此类刻法。即把物象轮廓内剔成凹下的平面，再以阴线刻划细部。根

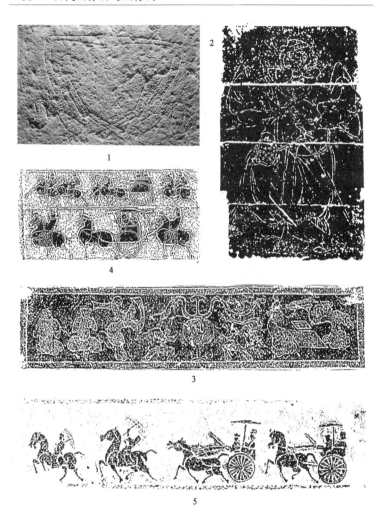

图一　雕刻技法图例

1.糙面线刻（山东邹城王石村画像石）　2.平面线刻（安徽亳州董园村2号墓画像石）　3.线刻加麻点（山东曲阜"东安汉里"画像石）　4.凿纹地凹面线刻（山东嘉祥嘉祥村画像石）　5.平地凹面线刻（河南唐河针织厂墓画像石）

据其对石面处理的不同，主要又分为以下两种：

（1）凿纹地凹面线刻，即凹面图像的轮廓线外，为整治石面留下的凿纹地面。如山东汶上路公食堂车马画像，安丘画像石墓中车马、人物画像，嘉祥嘉祥村画像（图一，4），河南南阳杨官寺墓门画像等。

（2）平地凹面线刻，即物象轮廓外为打磨光平的石面。如河南唐河针织厂墓门楣车骑画像石（图一，5）。山东长清孝堂山石祠画像中也有类似的刻法[6]。不过，这种平地凹面线刻的画像石很少，绝大多数是上述那种凿纹地凹面线刻。

3．减地平面线刻

即在磨制光平的石面上用阴线刻划好物象后，将物象轮廓以外减地，使物象呈平面凸起。又有称此雕刻技法为减地平面阳刻、平凸刻、平面浅浮雕，或引用《营造法式》中传统的雕刻技法名称为"减地平钑"的。根据其减地方法和物象细部表现形式的不同，又可分为以下四种：

（1）凿纹减地平面线刻，即物象轮廓外减地留下平行细密的凿纹。山东嘉祥武氏祠和宋山画像石是这种刻法的代表。

（2）铲地平面线刻，即物象轮廓外减地留下不规则的铲印。如山东沂南北寨村墓和江苏铜山苗山墓画像石。其和上述凿纹减地的刻法，都减地极浅，约1～2毫米，但却使物象有平面隐起的感觉。

（3）深剔地平面线刻，即物象轮廓外剔地较深，一般有1～2厘米。这种画像石一般图像较密集，图像外的面积较小。如山东沂南北寨村墓墓门和滕州西户口延光元年（公元122年）画像石等。

（4）剔地平面刻，即物象轮廓外剔地，而物象内细部用朱、墨色线条表现，不施刀刻。这种刻法仅见于陕北、晋西北地区的画像石。如陕西绥德王得元墓画像石、米脂官庄牛文明墓画像石（图二）等。

图二　陕西米脂官庄牛文明墓牛耕画像（拓本）

4．浅浮雕

物象轮廓外减地，即物象呈弧状凸起，物象内不同部位也稍刻出起伏，细部仍用阴线刻画。有的称此为弧面浅浮雕、隐起刻等。依据其减地方法及对物象细部处理的不同，主要分为两种：

（1）凿纹地浅浮雕，即物象轮廓外为减地留下纵向或横向平行的凿纹。如山东安丘汉画像石墓中的浅浮雕画像和河南方城城关镇墓西门门楣画像等，南阳地区的汉画像石亦大多属此种刻法。

（2）平剥地浅浮雕，即将物象轮廓外剥成较光平的石面。如山东微山两城画像石和河南永城固上村墓画像石等。

5．高浮雕

刻法同浅浮雕，而物象外剔地较深，物象浮起特高，细部层次起伏明显，有较强的立体感。有的称此为起突刻。此类刻法多施于墓室门额或石柱上，如四川成都曾家包墓门扉画像及山东安丘董家庄墓石柱、福山东留公村墓门额画像等。

6．透雕

即在高浮雕的基础上，将物象的某些部位刻透镂空，成为略近于立体的圆雕。如山东安丘董家庄墓中的方柱和临沂白庄墓半月形门额画像。

关于汉画像石的雕刻技法，基本上可以概括归纳为以上六类，但也不排除其中还有处理方法等细节不同的现象。另外，有的学者将汉画像石雕刻技法还列出"阳线雕"或"阳线刻"一类。按其理解，"这种刻法应是物象轮廓线和细部都用阳线条表现"，是在"刻出物象的双线轮廓和双线细部，然后轻轻剔去双线以外的部分而成"[7]。但至今也未能见到这种阳线雕作品的典型例证。

在六类雕刻技法中，以线刻、凹面线刻、减地平面线刻、浅浮雕四类刻法最为常见，绝大多数汉画像石都是采用这些刻法。综合分析六类雕刻技法，正如滕固所指出的又可大致分为拟绘画和拟浮雕两类，线刻、凹面线刻、减地平面线刻三类是属于拟绘画的，而浅浮雕、高浮雕、透雕则属于拟浮雕的。前三类刻法，不论其是否有平面、凹面、凸面之别以及对石面细节处理的不同，但其基本方法都是以刀代笔在石面上用线条表现图像，都属于或近似于平面线刻画，所以可统称为拟绘画的。而后三种刻法则基本脱出了平面线刻画形式，所刻图像呈现出凸起的立体造型，因此可统归为拟浮雕的。所以称之为拟浮雕的，只是对比欧洲希腊、罗马的浮雕作品而言，实则是中国传统的一种雕刻形式。在犍陀罗艺术传入以前，中国本土没有类似希腊、罗马的浮雕，而在商周或更早时期的雕刻作品中，圆雕和线刻的技法都已混合使用，汉代的雕刻更继承并发展了这种传统的风格[8]。在大量汉画作品中的浅浮雕，甚至少数高浮雕、透雕的刻法中，物象细部，如人物的脸、手等部位，仍用阴线刻加以表现。其效果并不破坏这种浮雕作品的风格，而且进一步显示出物象的层次和细部，收到更为逼真的艺术效果。这与希腊、罗马的浮雕是有明显区别的，从中也可以看出对线条的运用是我国古代绘画和雕刻中的优秀传统。

（三）汉画像石雕刻技法的发展

在汉画像石的六类雕刻技法中，阴线刻是出现最早的，大致在西汉中晚期。在山东、苏北和河南南阳两个汉画像石中心区域的滥觞阶段，即使用了这种雕刻技法。这种雕刻技法一直沿用到东汉末年。其早晚的表现形式有所不同。早期的阴线刻多施于打制粗糙或带有凿纹的石面上，线条较粗壮，构图也很简单。后来发展起来的尤其是到东汉晚期的阴线刻，线条纤细流畅，刻画的形象准确、细腻、生动，较其早期更为成熟。

凹面线刻略晚于阴线刻出现。西汉晚期的画像石已经使用了这种雕刻技法。就发展的过程而言，它从早期阴线刻发展而来的递变现象是比较明显的。凹面线刻是把原来用阴线在石面上刻画的图像，整体加工成光平的凹面，但是细部仍用阴线刻表现，物象外的石面布满打制后留下的凿纹。其图像效果，要比早期在粗糙或凿纹地石面上阴线刻的更为醒目。这种雕刻技法流行于西汉末至东汉早期，但是山东等地的一些画像石也有沿用。

减地平面线刻技法兴起稍晚，是东汉中晚期即汉画像石兴盛时期一种较流行的雕刻技法。这种雕刻技法也和早期的阴线刻与凹面线刻有着递变关系。从其工艺技术的效果来看，是对线刻和凹面线刻的改善，实际上是在磨光的石面上用阴线刻画好物象后，又在物象外的石面加了一道减地的处理工序，使物象有凸起的效果。这种雕刻技法仍然主要是运用线刻，而其对线条的表现程度，则要比早期阴线刻或凹面线刻成熟。

浅浮雕的刻法出现较早，大致于西汉晚期南阳地区的画像石就曾使用，山东、苏北、豫东等地区，到东汉早期也流行起来。大致上说，其早期的工艺技术略粗糙，后来较精致，形象也更加准确、生动。至东汉早期，凿纹地浅浮雕发展成为河南南阳地区画像石中一种较成熟的雕刻技法。山东微山两城东汉中晚期画像石，石面剔磨平整，物象凸起，细部以阴线刻划，形象生动优美，为一种发展成熟的浅浮雕作品。

高浮雕、透雕两类雕刻技法在汉画像石中使用较少，一般出现在东汉晚期，多施用于墓葬建筑物的特殊部位，如门额、过梁、立柱等处。就表现形式而言，它确实突破了线刻画的局限，更不能视作由阴线刻等技法演变而来。它是汉画像石兴盛时期为仿效地面建筑的需要而采用的。

就整体而言，汉画像石的各种雕刻技法虽然出现的时间早晚不同，或有相互发展递变的关系，但实际上存在着交错并存的现象。不但在一个地区有若干雕刻技法并存，即使在一座墓室或祠堂中，也往往是以一种雕刻技法为主，兼有其他一种或几种刻法。有些虽为相同的雕刻技法，但是在不同地域和不同时期所表现出的发展水平或艺术风格又各有不同。因而，对汉画像石不能从雕刻技法上作简单的直线发展的排列，更不能脱离汉画像石谈其雕刻技法的起源或早晚。汉画像石的各种雕刻技法是交错发展、相互影响的，以至到东汉中晚期，出现了那种生动细腻的阴线刻、凝重醒目的减地平面线刻、优美传神的浅浮雕、奇伟瑰丽的高浮雕和透雕等各种雕刻技法竞相发展的局面。

根据初步统计，全国有确切纪年的汉画像石共六十多处，兹列为表，作为了解汉代画像石雕刻技法以及有关情况的参考。

附表　　　　　　　纪年汉画像石统计表

纪　　年	出土地点及名称	雕刻技法	资料出处
成帝河平三年（公元前26年）	山东平邑麃孝禹碑画像	凿纹地阴线刻	《山东汉画像石选集》，图359
王莽天凤三年（公元16年）	山东汶上路公食堂画像石	凿纹地凹面线刻	《汉代画像全集》初编，图129
王莽天凤五年（公元18年）	河南唐河辛店冯孺久墓	浅浮雕	《考古学报》1980年第2期
明帝永平四年（公元61年）	江苏铜山汉王乡东沿村画像石	阴线刻	《文物》1996年第4期
明帝永平十一年（公元68年）	山东肥城西里村出土残石画像	阴线刻	石存肥城文物管理所
明帝永平十六年（公元73年）	山东肥城西里村祠堂画像石	阴线刻	《文物》1990年第2期
章帝建初四年（公元79年）	安徽淮北墓门画像石	不详	《文物研究》1998年第11期
章帝建初八年（公元83年）	山东肥城栾镇村张文思画像石	平面阴线刻、凹面线刻	《文物》1958年第4期

纪　　年	出土地点及名称	雕刻技法	资料出处
章帝元和二年（公元 85 年）	山东莒南东兰墩孙氏阙	剔地浅浮雕	《文物》1965 年第 5 期
章帝元和三年（公元 86 年）	江苏铜山汉王乡东沿村画像石	剔地浅浮雕	《文物》1990 年第 9 期
章帝元和三年（公元 86 年）	山东平邑南武阳皇圣卿阙	凿纹地凹面线刻	《文物》1954 年第 5 期
章帝章和元年（公元 87 年）	山东平邑南武阳功曹阙	凿纹地凹面线刻	《文物》1954 年第 5 期
和帝永元二年（公元 90 年）	陕西绥德黄家塔辽东太守墓	剔地平面刻	《陕北汉代画像石》，第 119～120 页
和帝永元四年（公元 92 年）	陕西绥德四十铺田鲂墓	剔地平面刻	石存绥德县博物馆
和帝永元四年（公元 92 年）	湖北当阳刘家冢子墓	浅浮雕	《文物资料丛刊》1977 年第 1 期
和帝永元六年（公元 94 年）	四川成都王文康阙	浅浮雕	《中国汉阙》，第 92 页
和帝永元八年（公元 96 年）	陕西绥德苏家圪坨杨孟元墓	剔地平面刻	《文物》1983 年第 5 期
和帝永元八年（公元 96 年）	山东鱼台食堂画像石	未见画像	《山东省立图书馆季刊》第 1 集 1 期
和帝永元九年（公元 97 年）	四川成都王君平阙	浅浮雕	《中国汉阙》，第 91～92 页
和帝永元十年（公元 98 年）	山东滕州岗城画像石	浅浮雕	《山东汉画像石选集》，图 351
和帝永元十二年（公元 100 年）	陕西绥德王得元墓	剔地平面刻	《陕北东汉画像石刻选集》，第 25～27 页
和帝永元十五年（公元 103 年）	陕西绥德郭稚文墓	剔地平面刻	《陕北东汉画像石刻选集》，第 82～83 页

纪　　年	出土地点及名称	雕刻技法	资料出处
和帝永元十五年（公元 103 年）	陕西绥德四十铺徐无令乐君墓	未见画像	《陕北汉代画像石》，第 210 页，图 610
和帝永元十六年（公元 104 年）	陕西绥德黄家塔王圣序墓	剔地平面刻	《考古与文物》1988 年第 5、6 期合刊
和帝永元十六年（公元 104 年）	陕西绥德四十铺任孝孙墓	未见画像	《陕北汉代画像石》，第 210 页，图 611
和帝永元十七年（公元 105 年）	北京石景山秦君石阙	浅浮雕	《文物》1964 年第 11 期
殇帝延平元年（公元 106 年）	山东曲阜阳三老食堂画像石	未见画像	《山东省立图书馆季刊》第 1 集 1 期
殇帝延平元年（公元 106 年）	陕西绥德四十铺田成文墓	未见画像	《陕北汉代画像石》，第 210 页，图 612
安帝永初元年（公元 107 年）	陕西米脂官庄牛文明墓	剔地平面刻	《文物》1972 年第 3 期
安帝永初七年（公元 113 年）	山东戴氏享堂画像石	浅浮雕	《汉代画像全集》初编，图 232
安帝元初五年（公元 118 年）	河南嵩山太室阙	浅浮雕	《中岳汉三阙》
安帝永宁二年（公元 121 年）	四川渠县冯焕阙	浅浮雕	《四川汉代石阙》，第 127 页
安帝延光元年（公元 122 年）	山东滕州西户口画像石	剔地平面刻	《山东汉画像石选集》，图 209
安帝延光二年（公元 123 年）	河南嵩山启母阙	浅浮雕	《中岳汉三阙》
安帝延光二年（公元 123 年）	山东枣庄贺窑村画像石	浅浮雕	《考古与文物》1983 年第 3 期

纪　　　年	出土地点及名称	雕刻技法	资料出处
顺帝永建三年 （公元 128 年）	四川郫县王孝渊碑画像	浅浮雕	《汉代画像石研究》，第 266～269 页
顺帝永建四年 （公元 129 年）	山东长清孝堂山石祠	平面阴线刻、凹面线刻	《文物》1961 年第 4、5 期合刊
顺帝永建五年 （公元 130 年）	山东微山两城小食堂画像石	浅浮雕	《汉代画像全集》二编，图 7
顺帝永建七年 （公元 132 年）	河南襄城茨沟墓	浅浮雕	《考古学报》1964 年第 1 期
顺帝阳嘉三年 （公元 134 年）	安徽灵璧祠堂画像石	浅浮雕	《文物研究》1998 年第 11 期
顺帝永和元年 （公元 136 年）	山东微山两城王成母食堂画像石	浅浮雕	《中国文物报》1998 年 5 月 27 日第 1 版
顺帝永和二年 （公元 137 年）	山东微山两城小食堂画像石	浅浮雕	《山东汉画像石选集》，图 32
顺帝永和三年 （公元 138 年）	陕西清涧贺家沟司马叔墓	剔地平面刻	《陕北汉代画像石》，第 220 页，图 644
顺帝永和四年 （公元 139 年）	山东微山两城小食堂画像石	浅浮雕	《山东汉画像石选集》，图 1
顺帝永和四年 （公元 139 年）	陕西米脂牛季平墓	铲地平面刻	《陕北汉代画像石》，第 53 页，图 160
顺帝汉安元年 （公元 142 年）	山东泗水南陈庄墓	凿纹地凹面线刻	《考古》1995 年第 5 期
顺帝建康元年 （公元 144 年）	山东鱼台文叔阳食堂画像石	浅浮雕	《汉代画像全集》初编，图 200
桓帝建和元年 （公元 147 年）	山东嘉祥武氏阙	凿纹减地平面线刻	《汉代武氏墓群石刻研究》

纪　年	出土地点及名称	雕刻技法	资料出处
桓帝和平元年（公元 150 年）	山西离石左元异墓	铲地平面线刻	《汉代画像石研究》，第 270～279 页
桓帝和平元年（公元 150 年）	山西中阳道棠沐叔孙墓	铲地平面线刻	《中国画像石全集·陕北晋西北卷》，图 311
桓帝元嘉元年（公元 151 年）	山东嘉祥武梁祠	凿纹减地平面线刻	《汉代武氏墓群石刻研究》
桓帝元嘉元年（公元 151 年）	江苏邳州燕子埠缪宇墓	铲地平面线刻	《文物》1984 年第 8 期
桓帝元嘉元年（公元 151 年）	山东苍山城前村墓	剔地浅浮雕	《考古》1975 年第 2 期
桓帝元嘉三年（公元 153 年）	山东滕州宏道院画像石	剔地浅浮雕	石存滕州博物馆
桓帝永兴二年（公元 154 年）	山东东阿芗他君祠堂画像石	凿纹减地平面线刻	《故宫博物院院刊》1960 年第 2 期
桓帝永寿三年（公元 157 年）	山东嘉祥宋山安国祠堂画像石	剔地平面线刻	《文物》1982 年第 5 期
桓帝延熹元年（公元 158 年）	山东曲阜徐家村墓	浅浮雕	《山东汉画像石选集》，图 159
桓帝延熹三年（公元 160 年）	河南浚县姚厂墓	浅浮雕	《中原文物》1981 年第 2 期
桓帝延熹八年（公元 165 年）	天津武清鲜于璜碑画像	平面线刻	《文物》1974 年第 8 期
桓帝永康元年（公元 167 年）	山东梁山馍馍台墓表画像	凿纹减地平面线刻	《考古》1988 年第 11 期
灵帝建宁元年（公元 168 年）	山东嘉祥武氏祠前石室（武荣祠）	凿纹减地平面线刻	《汉代武氏墓群石刻研究》
灵帝建宁三年（公元 170 年）	河南南阳许阿瞿墓志画像	浅浮雕	《文物》1974 年第 8 期

纪　年	出土地点及名称	雕刻技法	资料出处
灵帝建宁四年（公元 171 年）	安徽宿州褚兰胡元壬祠堂画像石	浅浮雕	《考古学报》1993 年第 4 期
灵帝熹平三年（公元 174 年）	安徽宿州褚北邓季星(皇)祠堂画像石	浅浮雕	《文物研究》1993 年第 8 期
灵帝熹平四年（公元 175 年）	江苏铜山茅村墓	浅浮雕	《文物参考资料》1953 年第 1 期
灵帝熹平四年（公元 175 年）	山西离石马茂庄 14 号墓	铲地平面线刻	《文物》1996 年第 4 期
灵帝熹平五年（公元 176 年）	山东临淄梧台里石社碑画像	浅浮雕	《汉代画像全集》初编,图 229
灵帝熹平六年（公元 177 年）	安徽亳州董园村 2 号墓	平面线刻、剔地平面线刻	《文物》1978 年第 8 期
灵帝光合元年（公元 178 年）	山东莒县东莞孙熹阙	剔地平面线刻	《莒县文物志》,第 130 页
灵帝光合四年（公元 181 年）	四川昭觉好谷冯佑阙	浅浮雕	《考古》1987 年第 5 期
灵帝光合五年（公元 182 年）	安徽濉溪古城 1 号画像石墓	浅浮雕	《文物研究》1998 年第 11 期
灵帝光合六年（公元 183 年）	山东临淄王阿命画像	平面阴线刻	石存山东临淄石刻馆
献帝初平元年（公元 190 年）	山东滕州封墓记残石	剔地平面线刻	《汉代画像全集》初编,图 82
献帝建安十年（公元 205 年）	四川芦山樊敏阙	浅浮雕	《文物》1963 年第 11 期
献帝建安十四年（公元 209 年）	四川雅安高颐阙	浅浮雕	《四川汉代石阙》
献帝建安十六年（公元 211 年）	四川芦山王晖石棺	浅浮雕	《四川汉代画像石》,第 56～57 页

* 为了便于查阅,部分资料未用最早发表的书刊。

注　释

［1］罗福颐《芗他君石祠堂题字解释》，《故宫博物院院刊》1960 年第 2 期。

［2］洪适《隶释》卷六"汉从事武梁碑"，第 74～75 页，中华书局 1985 年版。

［3］杨伯达《试论山东画像石的刻法》，《故宫博物院院刊》1987 年第 4 期。

［4］滕固《南阳汉画像石刻之历史的及风格的考察》，《张菊生先生七十生日纪念论文集》，上海商务印馆 1937 年版。

［5］蒋英炬、吴文祺《试论山东汉画像石的分布、刻法与分期》，《考古与文物》1980 年第 4 期；信立祥《汉画像石的分区与分期研究》，《考古类型学的理论与实践》，第 234～306 页，文物出版社 1989 年版。

［6］孝堂山石祠画像虽可归入凹面线刻一类，但又有其特点，因为这种画像石的轮廓是用深斜刀刻进去的，而里面仍在原有的石面上用阴线刻画细部。

［7］李发林《略谈汉画像石的雕刻技法及其分期》，《考古》1965 年第 4 期。

［8］参见迅冰《四川汉代雕塑艺术》，第 1～28 页，中国古典艺术出版社 1959 年版。

四　汉画像石的题材内容

　　全国发现的汉画像石数量没有精确的统计，有说总数在一万块左右[1]，就已知现存的汉画像石至少也有数千块。随着新材料的发现，其数量还在不断增加之中。画像石的题材内容十分广泛，涉及到方方面面，为我们了解汉代社会、研究汉代历史提供了丰富的形象化的资料。

　　中国古代传统思维模式的特点有它的模糊性和不确定性，同一种事物或概念，不仅可以包括很多内容，而且其内容随着时代的变化也可以不断扩展，不同的事物或概念之间也可以相互交叉。有鉴于此，要对画像石的题材内容作出细致准确的分类相当困难。考虑到汉画像石从兴起到衰落的三百年的文化背景，在历史的长河中基本上属同一阶段，而不同建筑上的各种画像内容，又都超不出表现当时的鬼神信仰和对由社会等级制度所限定的人间生活的追求。因此，在目前情况下，为了介绍研究之方便，本书对画像石题材内容的分类，仍采用通常的方法，即分成四类：社会生活、历史故事、神鬼祥瑞、花纹图案。

　　社会生活类。如农耕、狩猎、捕鱼、手工业劳动、车骑出行、聚会、谒见、讲经、战争、献俘、武库、刑徒、养老、庖厨、宴饮、乐舞百戏、建筑物以及禽、兽、虫、鱼、草木等。

　　历史故事类。如古代帝王、将相、圣贤、高士、刺客、孝子、列女等。历史人物画像并不是单独出现的，如山东嘉祥武梁祠西壁上专门有一层刻着从伏羲到夏桀的帝王图。其他人物亦往往有完整的故事内容，如文王十子、周公辅成王、蔺相如完璧归赵、范睢辱魏须贾、孔子见老子、二桃杀三士、豫让刺赵襄子、专诸刺王僚、要离刺庆忌、聂政刺韩王、荆轲刺秦王、董永侍父、孝孙原谷、老莱子娱亲、丁兰供木人、邢渠哺父、楚昭贞姜、京师节女、王陵母伏剑等。

神鬼祥瑞类。如伏羲、女娲，西王母、东王公、仙人，天神，玉兔、蟾蜍、九尾狐、三青鸟、三足乌、九头人面兽，四神，祥瑞，方相氏，日、月、星座及各种祥禽瑞兽和神怪等。

花纹图案类。如平行条纹、菱纹、十字穿环（璧）纹、连弧纹、垂帐纹、连锁菱纹、菱环纹、连环纹、网格纹、三角锯齿纹、树纹、波浪纹、绳索纹、双曲纹、云朵纹、蔓草状云纹、卷云纹、云龙纹、兽面纹、复合花纹等（图三）。

以上总结归纳的汉画像石的题材内容是就整个汉画像石而言的，事实上其也有一个发展变化的过程。早期的画像石，如山东、苏北的石椁和南阳的画像石墓，题材只有穿璧、悬璧、亭阙、人物、树木、鸟等简单的内容，花纹图案也只见几何纹。大约从西汉末年或王莽时期前后开始，汉画像石的题材迅速丰富充实起来。到了东汉，尤其是东汉中晚期的兴盛时期，更是万象杂陈、无所不包。这一变化与画像石墓室结构和画像石雕刻技法的变化基本是同步的。

画像石题材内容的时代性也是极强的。这里所指的时代性包括纵向和横向两个方面。从纵向上看，汉画像石中增加了大量前代艺术品中未见的内容。这在反映社会生活和历史故事的题材内容中表现尤为突出。汉代以后的石刻艺术品虽然继承了汉代的传统，但因社会文化背景不同，内容有了变化，如历史人物故事只保留了孝子故事，后来还演化为相对固定的二十四

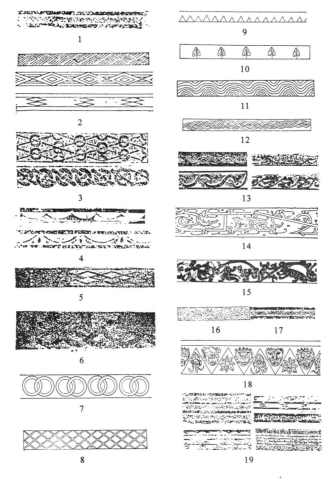

图三　花纹图案(引自信立祥《汉画像石的分区与分期研究》文)

1.平行条带纹　2.菱纹　3.十字穿环纹　4.连弧纹、垂帐纹　5.连锁菱纹　6.
菱环纹　7.连环纹　8.网格纹　9.三角纹、锯齿纹　10.树纹　11.波浪纹
12.绳索纹　13.云纹　14.龙云纹　15.蔓草状云纹　16.变形云纹　17.双曲纹
18.复合锯齿纹　19.复合花纹带

孝的故事，内容进一步程式化；汉画像石上大量出现的东王公和西王母以及祥禽瑞兽的形象迅速减少，乃至消失；反映生产活动的内容也极少见到。与此同时，又增加了许多具有其自身时代特点的内容。实际上，作为特定的形式和内容统一体的汉画像石艺术已不存在了。从横向上看，汉画像石的题材内容并非其所独有，在其他艺术形式中也大量存在。与画像石形式最接近的是画像砖和墓室壁画，其大量内容都是互见的。将汉画像石艺术和王延寿的《鲁灵光殿赋》等文献相对照，可以看出，汉代阴宅和阳宅的建筑装饰内容在很多方面是重合的。汉代的其他文物，如铜器、陶器、玉器等，也能见到汉画像石上常见的题材，尤其是神鬼祥瑞类内容。这种一致性，从一个侧面也反映了汉画像石艺术的时代特点。

　　汉画像石分布地域辽阔，题材内容既有时代共性，也有一定的区域特点，如胡汉战争、历史故事内容多见于山东地区，天文图像多见于河南的南阳地区，狩猎放牧的图像多见于陕北地区。这些现象表明，在政治一统、文化趋同的汉代，由于地域、文化传统等诸多方面的原因，文化的区域特征依然在一定程度上存在着，而这种特征正反映了汉代文化艺术的多姿多彩。

（一）社会生活类

　　汉画像石反映社会生活的内容很多，这既是对汉代社会现实生活的写照，更寄托着墓主对死后享乐生活的向往和追求。

1. 反映农业生产的画像

　　汉画像石从农耕技术、粮食加工以及渔猎、放牧等几个方面反映了当时农业生产的状况。

汉画像石上反映农耕技术最多的是牛耕图,山东、苏北、南阳、陕北等地均有发现,其中以山东为最多。汉画像石上的牛耕图大多是二牛抬杠。如陕西米脂官庄的牛耕图,即是用一根绳的两端系住两头牛的鼻环,一根犁衡架在两头牛的肩上。这既能固定两头牛之间的距离,又能协调其行动,最大限度地发挥出牛挽犁的力量,是汉代普遍采用的犁耕方式之一。

从画像石上还可以看到短辕一牛挽犁。山东滕州宏道院画像石上的一牛挽犁图像,为一农夫扶犁执鞭在后,一孩童在前引牛[2]。陕西绥德王得元墓画像石上的一牛挽犁图则无人牵牛[3]。这种须用犁索套驾的短辕犁,反映了犁耕方法的进步。

山东滕州黄家岭一块画像石上刻有反映农业和手工业生产的图像,上层是锻铁图,下层是农耕图。农耕图中,有一人驾一牛、一马挽犁。这种牛马合犋的犁耕方法尚属首见,说明汉代在犁耕技术和畜力使用以及套驾方面都积累了丰富的知识。牛耕图之后,是一农夫赶着一头牛,拉着长耙正在耙地。这种大型磨田器既可碎土,又可平地。有了这道工序之后,禾苗会出得更齐更壮。在这幅农耕图中,还有众多的农夫耘田、撒种、挽牛耕地、耙田,左边有人担食而来,为农夫送饭,表现了农民终日辛劳的情景(图四)。画像不仅生动地反映了汉代社会生活,而且也为研究汉代农业生产和农具发展提供了珍贵的形象资料。

山东泰安大汶口画像石墓的孝子故事图中刻有中耕锄草的图像,一农夫执锄在禾苗间劳作,旁立手执鸠杖、身倚推车的老者。和孝子故事联系起来看,锄草之农夫当为佣耕侍父的孝子董永[4]。山东滕州龙阳店画像石上刻有拣粪图。画面中央为两匹骏马,马左有一人扶杖而立,右边一人正持箕和勾锄弯腰拣粪[5]。陕西米脂的画像石上刻有多幅拣粪图,内容皆与此相类。其含义,虽有"却走马以粪"的对太平盛世的歌颂和向往,但也反映了汉代极为注意积粪肥田的事实。

陕西绥德延家岔画像石墓的画像石上,刻有一农夫身着短衣,手执镰刀,站在沉甸甸的谷穗旁,正欲开镰收割[6]。表明经过春天整地播种、夏天锄草施肥的辛勤劳动,终于迎来了秋天的收获。

山东、江苏、河南、四川、陕西等地出土的画像石上常见有渔猎的图像。猎人们牵犬、架鹰、执毕、荷戟、弯弓,或骑马或徒步,围猎各种飞禽走兽。被射的兽鸟或中箭落地,或惊慌奔逃。

陕北画像石上的狩猎图有自己的特点,多是弯弓策马追猎野兽。如米脂一块墓室门楣画像石上刻着 2.9 米长的狩猎场面。画面上有十八位骑士组成围猎队伍。骑士们跨骏马,手执弓、箭、戟、毕,猎射冲刺熊、虎、鹿、狐(图五)。陕北的狩猎画像反映了边郡地区以射猎为先修习战备的活动。

汉画像石中的捕鱼图有执竿钓鱼、撒网捕鱼、持矛刺鱼、用叉叉鱼、下罩捉鱼、鱼鹰捕鱼等。捕鱼者或在水榭之上,或于大桥之下,或脱衣下水,或撑船而行。所捕之鱼以鲤鱼最为常见,也有鲢鱼、鳗鱼、龟、鳖之类。这些狩猎、捕鱼画像皆反映了当时的社会生产情况和地主庄园中的经济活动。

2. 反映手工业生产与楼堂庭院建筑的画像

画像石上的冶铁图生动地反映了汉代的冶铁技术,和冶铁遗址相辅相成,共同展示了汉代冶铁业的发展水平。山东滕州宏道院的冶铁图内容最为丰富。这幅图像展示了从冶炼、锻打到磨砺铁刀的整个生产过程(图六),有如今天的生产流水线,分工明确,繁而不乱。一方面表现了汉代冶铁手工业的进步,另一方面也反映了东汉晚期豪强地主经济的发展,不仅拥有庞大的

图四　山东滕州黄家岭衣耕画像（拓本）

图五　陕西米脂狩猎画像（拓本）

图六　山东滕州宏道院冶铁画像（拓本）

庄园财富,而且拥有武库、部曲家兵。

汉画像石上冶铁图虽然较为简单,但仍然引起了学者们的极大兴趣。人们最为关注的是冶铁图上的皮囊,除了结合《淮南子·本经训》等历史文献记载,肯定它为冶铁鼓风吹火之"冶囊"或"排囊"外,一些学者还尝试对其进行复原[7]。研究结果表明,该皮囊虽然至今仍是汉代及其以前冶铁鼓风机的孤证,但在当时应是冶铁业中普遍使用的。

画像石上的纺织图像已见有十余幅,分别出现在山东、苏北、四川、陕北等地,四川的画像砖上也有发现,足见汉代纺织手工业的普遍性。

这些纺织图像的内容大同小异。山东滕州龙阳店画像石上有络车、纬车、织机等纺织工具,表现了络线、摇纬、织布的繁忙场面(图七)。有些纺织画像处在楼阁庄园画像的一侧,反映了乡村或豪强地主作坊中的纺织劳作业。

图七 山东滕州龙阳店纺织画像(拓本)

画像石上的酿酒图在山东、河南、四川都有发现,内容较丰富的是山东诸城前凉台汉墓画像石和河南新密打虎亭1号墓东耳室南壁西部的酿酒图[8]。

诸城前凉台汉墓画像石上的酿酒图是庖厨图的一部分。它较为全面地表现了中国古代酿酒工艺中蒸煮谷物、搅拌、沥酒、挤酒、贮酒的过程(图八),反映了这种具有一定规模的酿酒作坊

图八　山东诸城前凉台墓庖厨画像(摹本)

的生产场景。

　　山东嘉祥洪山画像石上有一幅制车图,形象地把制车轮的过程表现了出来。画面上的匠人左膝跪地,右脚踩住轮牙,右手执斧,左手握凿,正为轮牙凿卯。其面前是一个车轮的半成品,毂、牙间装有十四根车辐,而轮牙才安装了一半多。车轮上方悬挂两个牙条。匠人之妻背负着孩子,手执轮牙站在匠人背后帮助他工作[9]。山东嘉祥刘村洪福院和邹城卧虎山画像石上也有内容类似的制轮图[10]。

画像石上的建筑图像形式多样,既有重楼高阁、庭院重深、连廊水榭,也有祭祀的祠堂、储粮的仓房、河上的桥梁等,反映了汉代"豪人之室,连栋数百"和"高门纳驷"的府第的豪华气派,为研究古代建筑史提供了重要资料。

山东诸城前凉台汉画像石墓中有一幅庭院图。其大门设在前院右侧,两旁耸立双阙,院内有一个拥彗仆役躬身迎接两位执笏来宾。中门两侧有廊庑。二进院右侧有一小溪,溪中有二人撑船而行。院中一人执勺行走,一人持帚扫地。左后侧有配院。二进院和三进院之间以廊庑相隔,院右后部是悬山顶堂屋,其前、左分别有配院,堂后为四进院。庭院四周环绕回廊(图九)。另外,在微山湖周围的鲁中南地区,常见水榭与楼堂相连的画像,当是水池上的建筑。由此亦可想见,庄园内部庞大繁复的情景。

山东画像石祠堂后壁中央多刻祠主受祭图,楼堂刻成正视的立面图像,从东汉早期的长清孝堂山石祠到东汉晚期的嘉祥

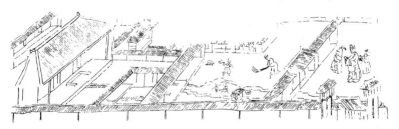

图九　山东诸城前凉台墓庭院画像(摹本)

武氏祠、宋山小祠堂等,莫不如此。这些画像也反映了墓主人家居生活的状况。

另外,在汉代人的心目中,"仙人好楼居",因此,有些画像石上的楼宇内刻画的便是天国仙人形象。如江苏沛县栖山石椁墓中椁左侧内壁二楼内坐着的是西王母,楼外有仙人捣药,并有人首蛇身、马首人身、鸟首人身之神灵前来拜谒(图一〇)。

画像石上表现的桥梁有木桥、石桥和砖木混建之桥等。木桥有斜拱、圆拱和平板三种类型,以斜拱木桥较为多见。石桥虽然不多,但从图像上看,当时的建筑技术却很先进。山东邹城高李村汉画像石墓西壁泗水升鼎图上的石桥呈圆拱形,两层楔形石起券,桥两边有护栏[11]。山东苍山兰陵画像石车骑过桥图上的桥梁为砖木结构,以木料构成桥面,桥两边有护栏,右端的华表上停着一只鸟。桥下有两孔,中央及两边的桥墩为砖砌,桥墩两端斜拱部分也全用砖砌死。这大大增强了桥的承载能力(图一一)。

3. 反映墓主人身份地位及生活情况的画像

画像石中表现墓主的身份地位、生活享受及特殊的生平经历或功绩的图像,生动地反映了汉代社会生活和政治制度等方面的情况及人们死后丧葬活动的情形。

车骑出行是汉画像石上最常见的图像之一。出行行列中有轺车、辎车、轷车、安车、斧车、辇车等各种形式的车辆,驾车的马从一匹到四匹不等,骖骓齐,更有驺骑导从、辟车伍伯,前迎后送,展示了封建贵胄的排场和威仪。汉画像石中的车骑出行图大致可作两类。一类是表现墓主生前的仕途经历,如嘉祥武氏前石室即武荣祠三壁上部的车骑出行图,图上有"令车"、"君为市掾时"、"为督邮时"、"君为郎中时"等榜题,清楚地显示了武

图一〇　江苏沛县栖山墓石椁画像(拓本)

图一一　山东苍山兰陵车骑过桥画像(拓本)

荣的为官历程和身份地位[12]。山东长清孝堂山石祠横贯三壁上部的"大王车"出行图表现的则是祠主参加诸侯王卤簿活动的经历[13]。另一类表现的是墓主前往祠堂接受祭祀的情形,如山东沂南北寨村墓中室北、西和南门楣西段上的车骑出行图。该图前端,即南门楣西段东部,是一座两进院落的祠堂,长长的车骑队伍正向它走去[14]。

　　刻画讲经内容的画像,反映了汉代儒学的兴盛。画面多是经师凭几宣讲,一群学生手捧简册,席地踞坐静听。有些则是表现墓主人生前为经学大师的尊贵地位的。东汉时,豪门大族掌握地方实权,垄断察举制度,许多人为了规图仕进,便拜到名门望族门下做"门生"。那些经学大师面前的听经受业者,很多就是门生一类人物。

　　画像石中的庖厨、宴饮、百戏画像,在反映当时豪强地主奢华生活的题材中显得尤为突出。庖厨画像多是甑灶俱备,猪、羊、鸡、鸭、兔、鱼、鳖等家畜野禽挂满横杆。厨夫们有的椎牛宰羊,有的杀猪剥狗,有的烫鸡剖鱼,有的井旁汲水,有的洗涤调和,有的制作饼饵,有的劈柴炊爨,一片紧张忙碌的景象。其中尤以诸城前凉台墓的庖厨画像表现得淋漓尽致。该图刻在一块高 1.52、宽 0.76 米的石头上,由割肉、整理食案、切菜、剖鱼、烫鸡(雉)、宰羊、椎牛、杀猪、击狗、烤肉串、汲水、酿酒等内容组成。整个画面涉及到的人物有四十三位,可谓人物众多,场面宏大[15]。

仆役们紧张忙碌的同时,主人们则悠坐高堂,盘樽当前,肴馔罗列。他们一边品尝美食,一边还要享受声色耳目之娱。画像中有些乐舞杂技就是在主人宴饮时表演的。河南新密打虎亭 1 号墓东耳室刻有大型庖厨图,北耳室内刻有大型宴客图。宾主坐在由屏风围成的餐厅内,仆从来回忙碌,为宾主上菜倒酒[16]。场面大小不同的庖厨、宴享图在画像石上的大量出现,表明了宴享宾客以求名的时代风尚。

画像石上反映汉代人娱乐活动最有代表性的是乐舞百戏图。这些图像往往是和墓主的迎客、饮宴、祭祀活动相联系的。其中以山东沂南北寨村墓中室东壁门楣上的乐舞百戏图内容最为丰富。表演的项目有飞剑跳丸、掷倒伎、戴竿、跟挂、腹旋、走索、马术、鱼龙漫衍(戏龙、戏凤、戏豹、戏鱼)、戏车、七盘舞、建鼓舞等十余项(图一二),演员二十八人。伴奏乐器有钟、磬、鼓、鼗、排箫、竖笛、笙、瑟、埙等,乐队演奏员共二十二人,场面十分壮观。乐舞百戏,是随着秦汉封建经济文化的发展而兴盛起来的表演艺术,是汉代表演艺术的主体。百戏不是一种定型的、完整的、规范的艺术形式,而是混合了竞技、杂耍、歌舞、幻形等综

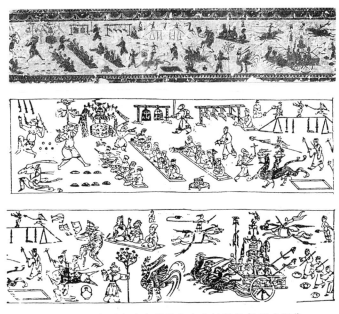

图一二 山东沂南北寨村墓中室东门楣乐舞百戏画像
（上拓本，中、下摹本）

合性的表演艺术。它生动地体现了汉代气势雄浑、兼收并蓄、包
罗万象的时代精神，是中国表演艺术史上的创举。乐舞百戏在
汉代极为流行。傅毅的《舞赋》、张衡的《七盘舞赋》专咏盘鼓舞
之精彩，扬雄的《上林赋》把皇家林苑中的斗兽场面描写得绘声
绘色，而张衡在《西京赋》中则对宫廷宴乐百戏作了极为生动的
描绘。

4. 其他

汉画像石主要是墓室和墓上祠堂、阙的建筑材料。它不仅
以其特殊的建筑形式反映了汉代的丧葬习俗，而且把当时有关

丧葬习俗的内容也刻在了石头上,使我们今天能看到当时人举行丧葬活动的一些具体情形。

山东沂南北寨村墓前室东、南、西三壁的门楣上刻有一幅吊唁图。画面上,丧家派拥彗门吏和家臣在门前迎接前来吊唁的人。吊唁者或跪伏在地或低头躬身,一副恭谨虔诚之态,其中不少人用食盒、酒壶等送来了赙礼,还有一家送来了一个小祠堂。从画面上刻的车马看,身份较高的人是乘车骑马而来。来吊唁者达四十六位之多,场面甚是壮观[17]。

山东微山沟南村有一块画像石,画面分左、中、右三格。左格刻的是孔子见老子,中格为出殡送葬内容。八人以绳牵引灵车,一人右手举功布,车右上方有二人随车行走,死者之子手执哀杖在车前伏地跪拜。灵车之后是八位死者家属分两列戴孝送葬。他们头上都有用长带结成的"首绖","孝子"和车后的四位男子腰间还有用长带结成的"腰绖"。右格,上部是山林,山间树木茂密;下部,在山脚下刻一长方形坑,当是为死者准备的墓坑。墓坑左右有人物若干位,当是挖墓坑的仆从和死者家属在等候灵车到来[18](图一三)。

图一三　山东微山沟南村丧葬画像(摹本)

山东沂南北寨村墓中室南壁门楣之上刻有一幅场面宏大的祭祀图。南门楣西段画面左侧是一座有两进院落的祠堂,前立

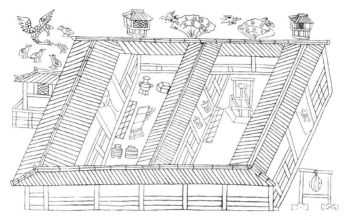

图一四　山东沂南北寨村墓中室南门楣祠堂画像(摹本)

双阙,阙下躬立一执盾卫士。祠堂前院有水井,后院置供案和盛放供品的食奁、酒壶(图一四)。阙外有十二人迎接前来吊祭的人们。西、北门楣上的车骑正向此而来。南门楣东段为庖厨图。东门楣上的乐舞百戏图则是祭祀时举行的乐舞。其画像表现了墓主死后受祭祀的隆重场面。

　　汉画像石上的一些内容还表现了墓主的特殊经历,如山东诸城前凉台汉墓画像石上的上计图和髡钳图。该墓主人孙琮曾任汉阳太守,下辖十三县。上计图反映的当是这十三县向郡“上计”的情景。其上段为宴客图,是与上计活动密切相关的一个组成部分。据《汉书·朱买臣传》记载,朱买臣官拜会稽太守以后,“衣故衣,怀其印绶,步归郡邸,直上计时,会稽吏方相与群饮”。由此可知,上计时郡邸有设宴群饮活动。此石上计图与宴客图共处同一画面,与文献记载正相吻合[19]。

　　关于社会生活的题材内容与墓主身份的关系,一般说来是密不可分的,但不能一概认为凡祠堂、墓室刻画的社会生活的内容,都是墓主生前身份、地位和拥有财富的写照或象征。许多画像内容与墓主生前生活和身份、地位并不一定有直接关系,只是程式化地表现或反映了当时社会的普遍思想和追求。如山东嘉祥宋山小祠堂下部和安徽宿州褚兰胡元壬祠堂下部的车骑出行图,就未必与祭祀对象生前生活有什么关系。宋山小祠堂规模很小,而且经过复原的四座小祠堂皆是出于同一个作坊,风格和内容布局完全相同[20]。而胡元壬祠堂后壁中央所刻志铭中,也没有提到其生前曾做过什么官,但祠堂上刻的车骑出行图却甚是气派[21]。再如山东长清孝堂山石祠、嘉祥五老洼小祠堂、宋山小祠堂、武氏三祠以及各地出土的零散的祠堂后壁画像石,其上所刻祠主夫妇受祭图皆是一个程式,只是细节有所不同,而且宋山小祠堂和武氏前石室及左石室后壁小龛体量相当,但祭祀对象生前的身份却是大不相同,可见画像石上刻画的社会生活的内容,与祭祀对象的生前生活并没有必然的联系。汉画像石题材内容的选择,受到当时社会制度、社会风气、地域文化、墓主阶层、出资人(墓主或其亲属、门生、故吏等)、匠师等多方面因素的影响。因此,在探讨画像石(包括画像砖和墓室壁画)的内容与墓主的关系时要十分慎重。

(二) 历史故事类

汉画像石中的历史故事题材,从上古传说中的伏羲女娲到东汉当时的李善保幼主,其内容大多是宣扬古代帝王圣贤和儒家伦理道德的。表现这些历史故事的目的,正如东汉人王延寿《鲁灵光殿赋》所云:"恶以诫世,善以示后"。或如曹魏时何晏

《景福殿赋》所云："图象古昔，以当箴规。"也就是用儒家道德规范的实例来教育时人。这种规范的原则即是董仲舒提倡的三纲五常思想。而这种思想和伦理道德规范，正适应着自西汉以来大土地所有制的经济基础。

西汉时期，画像石的题材较简单，历史故事的内容虽已出现，但数量很少。最先出现的历史人物是山东衮州西汉石椁墓画像上有榜题的"老子"、"孙武"、"秦王"。前二者故事内容不详，"秦王"则出自泗水升鼎的故事[22]。南阳杨官寺画像石墓中的"柏乐"也是较早出现的人物。

历史故事内容画像石的大量出现是在东汉晚期，其中最为集中的首推著名的武氏祠，祠内刻有数十幅历史故事图。武梁祠西壁的历代帝王图最为世人关注。其上刻有伏羲、女娲、祝融、神农、黄帝、颛顼、帝喾、尧、舜、禹、桀等传说和夏代的帝王，皆有榜题赞词，唯夏桀只标其名，具有贬义。其他的历史故事还有文王及十子、周公辅成王、泗水升鼎、孔子见老子、孔门弟子、赵盾救灵辄、蔺相如完璧归赵、范雎辱魏须贾、季札挂剑、闵子骞御车失棰、老莱子娱亲、丁兰供木人、董永佣耕养父、邢渠哺父、伯俞伤亲、孝孙原谷、孝子魏汤、义浆羊公、三州孝人、赵氏孤儿、休屠故事、李善抚孤、朱明故事、曾母投杼、无盐丑女钟离春、京师节女、齐义继母、鲁义姑姊、秋胡戏妻、梁寡高行、梁节姑姊、楚昭贞姜、七女为父报仇、管仲射小白、曹子劫桓、二桃杀三士、荆轲刺秦王、高渐离击筑刺秦王、专诸刺王僚、聂政刺韩王、豫让刺赵襄子、要离刺庆忌等。其中，孔门弟子、秋胡戏妻、荆轲刺秦王等几个故事重复出现，细节则各有不同。此外，在武氏祠文物管理所收藏的其他画像石中还有何馈听孔子击磬、柳下惠坐怀不乱、颜叔握火、王陵母伏剑等故事。武氏祠的历史故事画像可以说是形象化的历史教科书,是儒学在东汉社会深入人心的重要表现,同时也表明汉代人特别重视忠孝观念[23]。其中的泗水升鼎描绘的是秦始皇至泗水升周鼎而未得的情景。汉画像石中之所以多表现这个故事,主要是为了说明秦行暴政,天祚不长,也是一种历史成败的借鉴。

除武氏祠之外,沂南北寨村墓画像石上的历史故事图也较多,其中不见于武氏祠的历史故事有苍颉、齐桓公释卫、晋灵公杀赵盾、苏武、管叔、齐侍郎等。其他散见的历史故事还有汤王、汤妃、范睢受袍、孔子见老子与晏子等[24]。此类故事所要宣扬的精神与武氏祠别无二致。这些历史人物或成败故事刻画在墓葬建筑物上,既纪念死者,也有教育生者的意义。如东汉赵岐"先自为寿藏,图季札、子产、晏婴、叔向四像居宾位,又自画其像居主位,皆为赞颂"[25]。表明了这些是墓主赵岐心目中特别崇尚的先贤人物。武梁祠中的历史故事画像特别多,也和武梁本人通经明谶、恪守封建伦理道德规范及其生平追求和道德操守有密切关系。所谓"诲人以道,临川不倦,耻世雷同,不窥权门,年逾从心,执节抱分,始终不贰,弥弥益固"[26]。

(三) 神鬼祥瑞类

神鬼祥瑞是汉画像石上常见的题材,内容极为复杂,包含了两汉时期披上神学外衣的儒家思想、谶纬学说、阴阳五行、道家的升仙等各种思想,以及由古代神话、巫术等发展而来的各种对神鬼的迷信,当然里面也包含有古代人们对宇宙认识的朴素唯物思想。在墓葬建筑物中刻画这类题材的画像,主要是为了祈求天地神灵的保护,祛灾禳祸,辟除不祥,死后升仙。

汉画像石中的伏羲、女娲都是以始祖神的形象出现的,即使是嘉祥武梁祠历代帝王图中的伏羲、女娲也被刻作人身蛇尾相交状,且被置于西壁顶部。画像石上的伏羲、女娲或执规矩,或举日月,或持灵芝,其寓意是对始祖神的崇奉和祈望始祖神的护佑。

汉代人创造的仙界中的主要仙人是西王母和东王公(父)。大约在西汉晚期,《山海经》中那位"蓬发戴胜"、"虎齿、豹尾、穴处"、"司天之厉及五残"的可怕刑神被改头换面,成为一位美丽、慈祥、善良的幸福女仙。大约在东汉章帝、和帝之间,和西王母对应的另一位男仙东王公也被创造出来。西王母和东王公形象一般被安置在画像石墓、祠堂壁面或立柱的最高位置上,东西或左右对称。其两侧不仅有仙人侍奉,还有三青鸟、九尾狐等环立四周。人们梦寐以求的不死药,也由那活泼的玉兔和笨拙的蟾蜍不停捣制着。由此可以看出,汉代人对升仙的迷信和美好的幻想。嘉祥武氏左石室室顶前坡东段还刻有一幅祠主升仙图。其上西王母和东王公亲自来到了祠主墓地上空,接引男女祠主的灵魂去仙界。整个画面充满了欢乐而神秘的气氛[27]。

同样是表现西王母和东王公以及其他神仙,各地的艺术家们却有着自己不同的表现手法。四川的西王母多坐在龙虎座上,如彭山双河石棺上西王母即坐在大型龙虎座上,左右有三青鸟、九尾狐、蟾蜍及仙人奏乐等形象[28]。陕北画像石上的西王母和东王公则多坐在悬圃之上,如绥德军刘家沟墓门立柱上的画像[29]。

汉画像石、砖上反映汉代人神仙思想的形象除了西王母和东王公外,最多的是肩生双翼的羽人。他们或侍奉西王母和东王公,或饲凤、戏虎、乘龙、乘鹿车,或在空中自由飞翔。从栾大身穿羽衣站在白茅之上接受汉武帝印绶的记载看,这些肩生双翼的羽人就是人们心目中的仙人。

汉画像石上的天象图以河南南阳出土者为最多,且内容也最为丰富。有苍龙星座(图一五)、白虎星座、牵牛星座、织女星

图一五　河南南阳阮堂苍龙星座画像(拓本)

座、毕宿、箕宿等,日月相望、金乌载日、月精载月的图像更是比比皆是。对照各地汉画像石和壁画上的星象图可以发现,汉代人对常见的星座已经有了共识。我国古代关于太阳和月亮的传说很多,羲和浴日、羲和为日御、阳乌载日、后羿射日、常羲浴月、嫦娥奔月等传说见于各种文献记载。由此可以看出,汉画像石上的日、月图像,在表示天空的同时,更多地描绘了当时流行的天神传说。

山东嘉祥武梁祠祠顶的祥瑞图最为集中,前坡与后坡以栏格方式刻满各种祥瑞,如冥荚、黄龙、神鼎、狼井、六足兽、银瓮、比目鱼、白鱼、比肩兽、比翼鸟、玄圭、璧流离、木连理、赤罴、玉英、玉马、玉胜、泽马、白马、渠搜、巨畅等。这些祥瑞之物在《春秋繁露》、《白虎通德论》和《论衡》等汉代文献中多有记载。所谓祥瑞,多为世上罕见的动、植物或古之宝器。其出现象征天降祥

瑞,王道大行。如"比肩兽,王者德及鳏寡则至","比翼鸟,王者德及高远则至","璧流离,王者不隐过则至"[30]之类。祥瑞思想主要反映了占统治地位的儒家学说的天人感应论和谶纬学说。它的流行基于多方面的原因,在最高统治者,是为了借其标榜自己的仁德,得天下之顺天意;在王公大臣,则是为了歌颂最高统治者,标榜自己吏治清明,以谋取富贵;在广大的社会中下层群众,则更多的是希望得到有道明君,天人祥和,过上安康的生活。

(四) 图案花纹类

从严格的意义上来讲,图案花纹不能算作汉画像石的题材内容,但它又是汉画像石的重要组成部分,与上述三类题材密不可分。

花纹图案的运用有三种情况。一是单独成幅,整个画面均由花纹组成;二是穿插于上述三类内容之中,如祥禽瑞兽图中常穿插有各种云纹;三是作为边饰装饰于上述三类内容的周边。花纹图案虽然不是汉画像石表现题材的主体,其本身亦缺少内容含义,但对画像石而言,却起到了很好的装饰作用。穿插于画像画面之中的花纹图案,对于衬托主题起到了积极的作用。

早期的花纹图案,只有凸棱形成的条带和加工石材的凿纹组成的菱格纹,山东和苏北的石椁画像的边栏多是此类纹样。东汉早期,画像石的花纹图案开始变得复杂起来,穿璧纹、连钱纹、垂帐纹等出现,并且以多种方式组合。图案花纹样式的丰富,从一个侧面反映了石刻匠人艺术水平的提高。图案花纹最为发达的是东汉中晚期,题材分类中提到的各种图案花纹,在这一时期都出现了,而且形成了一定的地域特色。山东汉画像石

上的图案花纹最为丰富,其中较典型的是安丘董家庄墓画像石
上的图案花纹。其种类多,组合多样,所占面积大。该墓前室西
壁的边饰由条带、三角、水波、垂帐等纹饰组成,所占面积约为石
面的三分之一。前室顶南坡的边饰组成纹饰与前室西壁相类,
但所占面积则达石面的三分之二。中室北壁西侧方柱、中室东
壁南北两侧立石等则全部刻满图案花纹,四周为垂帐、条带、水
波、三角等纹饰组成的边栏,中间是变形云龙图案,纹饰刻画细
腻,富于变化(图一六)。嘉祥武氏祠中的组合花纹带,整齐统

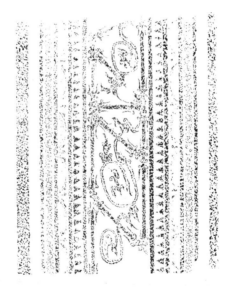

图一六　山东安丘董家庄墓中室东壁北侧立石花纹(拓本)

一,横贯三壁。南阳、鄂北地区汉画像石的边栏较为简单,很少
用组合花纹,一般多是简单的凸棱形成的条带,还有少量的三角
纹、垂帐纹、菱格纹,组合纹也由这些纹饰构成。该地区较有特
色之处是常用流云纹填白,不仅在天象图中用,而且在象人斗

兽、仙人戏兽、伏羲女娲、祥禽瑞兽等图中也有使用。陕北和晋西北地区的汉画像石则多用卷云纹和蔓草纹,且富于变化。其间常穿插仙人和祥禽瑞兽。陕北汉画像石的墓门常作整体设计,门楣和左右立柱上的纹饰可以连接起来,如米脂官庄 1 至 4 号墓、党家沟墓、尚庄墓、绥德王得元墓、赵家铺墓、后思沟墓、四十铺墓等的墓门皆是如此。其图案连续、对称,美观大方。四川、滇北地区的汉画像石较少使用图案花纹。这和当地石材多是砂岩有关。在为数不多的花纹中,有条带、垂帐、卷云、莲花、三角、穿璧、瓦当等图案,基本不以组合花纹的形式出现。

注　释

[1] 信立祥《汉画像石的分区与分期研究》,《考古类型学的理论与实践》,第234～306 页,文物出版社 1989 年版。

[2] 山东省博物馆、山东省文物考古研究所《山东汉画像石选集》,图 340,齐鲁书社 1982 年版。

[3] 李林、康兰英、赵力光《陕北汉代画像石》,图 180,陕西人民出版社 1995年版。

[4] 程继林《泰安大汶口汉画像石墓》,《文物》1989 年第 1 期。

[5] 同 [2],图 256。

[6] 同 [3],图 555。

[7] 王振铎《汉代冶铁鼓风机的复原》,《文物》1959 年第 5 期;刘云彩《中国古代高炉的起源和演变》,《文物》1978 年第 2 期。

[8] 河南省文物考古研究所《密县打虎亭汉墓》,图 104、图 105,文物出版社1993 年版。

[9] 朱锡禄《嘉祥汉画像石》,图 101,山东美术出版社 1992 年版。

[10] 同 [9],图 1;邹城市文物管理局《山东邹城市卧虎山汉画像石墓》,《考古》1999 年第 6 期。

[11] 邹城市文物管理处《山东邹城高李村汉画像石墓》,《文物》1994 年第 6 期。

[12] 蒋英炬、吴文祺《汉代武氏墓群石刻研究》,山东美术出版社 1995 年版。

[13] 蒋英炬《孝堂山石祠管见》，载《汉代画像石研究》，第204～218页，文物出版社1987年版。

[14] 南京博物院、山东省文物管理处《沂南古画像石墓发掘报告》，文化部文物管理局，1956年；信立祥《论汉代的墓上祠堂及其画像》，载《汉代画像石研究》，第180～203页，文物出版社1987年版。

[15] 杨爱国《汉画像石中的庖厨图》，《考古》1991年第11期。

[16] 同[8]，第173～186页。

[17] 同[14]。

[18] 王思礼、赖非、丁冲、万良《山东微山县汉代画像石调查报告》，《考古》1989年第8期。

[19] 王恩田《诸城前凉台孙琮画像石墓考》，《文物》1985年第3期。

[20] 蒋英炬《汉代的小祠堂——嘉祥宋山汉画像石的建筑复原》，《考古》1983年第8期。

[21] 王步毅《安徽宿县褚兰汉画像石墓》，《考古学报》1993年第4期。

[22] 赖非主编《中国画像石全集》（山东卷），山东美术出版社1999年版。

[23] 杨爱国《汉代的忠孝观念及其对汉画艺术的影响》，《中原文物》1993年第2期。

[24] 蒋英炬《晏子与孔子见老子同在的画像石》，《中国文物报》1998年10月14日第3版。

[25]《后汉书·赵岐传》卷六十四，第2124页，中华书局1965年点校本。

[26] 同[12]，第17页。

[27] 同[12]，第157页，图36。

[28] 高文《四川汉代画像石》，第70页，图25，巴蜀书社1987年版。

[29] 同[3]，第90页。

[30] 同[12]，第59页。

五　山东、苏北、皖北、豫东区汉画像石

　　山东、苏北、皖北、豫东区是汉画像石发生和发展的一个中心区域。在这个区域，汉画像石不仅产生时间早、延续发展时间长、发现的数量多，而且墓葬建筑物的形制也极为多样。除墓室外，还有祠堂、石阙等，比较全面地反映了汉画像石的原貌。本章将对这一区域的画像石墓、祠堂、石阙及其画像分别作一介绍。

（一）历史概况

　　山东与其相邻的江苏、安徽北部及河南东部，是两汉时期经济、文化极为繁荣的区域之一。

　　此区地处黄、淮河下游，河道纵横，土地肥沃。汉代时，已广泛使用铁器和牛耕技术。江苏睢宁双沟的"二牛抬杠"画像，山东滕州宏道院的一牛挽犁与黄家岭的一牛一马相配挽犁等画像[1]，充分反映出汉代这一地区农业生产力的高度发展。

　　自战国时期以来，此区又是盐、铁业和纺织业最为发达的地区。汉代在这些地方设立了许多铁官和盐官[2]。滕州宏道院画像石中的冶铁画像，反映了当时用皮囊鼓风的先进冶炼技术[3]。这里又是丝织业发达的地区，临淄、定陶、襄邑（今河南睢县）一带，都是汉代著名的丝织业中心。在临淄和襄邑设有服官，"任城亢父缣"曾远销出敦煌[4]。已发现的有关纺织的汉画像石，以此地最为集中。

在这个经济富庶的地区，汉代设立了许多王侯封国，社会上出现了大量豪门大族，以大土地所有制为基础的地主经济得到膨胀发展。那个称东汉时期"豪人之室，连栋数百，膏田满野，奴婢千群，徒附万计"的仲长统，就是当时的山阳高平（今山东邹城西南）人。富庶的经济和新兴的豪门大族地主阶层，为汉画像石的兴盛发展创造了社会条件。

此区域又是文化发达的地区，也是古代人们思想活跃的地区。自春秋时期以来，人文荟萃，诸子百家学说并起。邹鲁一带是孔孟故乡，儒家学说的发祥地，汉代这些地方出现了许多经学大师，儒学显盛并有着根深蒂固的影响。另外，此处又是神仙方士活动及早期道教流行之地，追求长生不老等神仙之说也非常盛行。而鲁南、苏北、皖北与豫东一带，自战国后期即为楚国疆域，受楚文化影响，好巫尚鬼之风盛行。这些都对此区域汉画像石的发展产生影响，并为之提供了丰富的创作思想素材。而当汉画像石兴起之后，又受到有如屈原《楚辞·天问》中所描述的那种古代庙堂壁画以及西汉早期建造的鲁灵光殿殿堂壁画的影响。王延寿《鲁灵光殿赋》记："图画天地，品类群生。杂物奇怪，山神海灵。写载其状，托之丹青。千变万化，事各缪形。随色象类，曲得其情。上纪开辟，遂古之初。五龙比翼，人皇九头。伏羲鳞身，女娲蛇躯。鸿荒朴略，厥状睢盱。焕炳可观，黄帝唐虞。轩辕以庸，衣裳有殊。下及三后，淫妃乱生。忠臣孝子，烈士贞女。贤愚成败，靡不载叙。恶以诫世，善以示后。"[5]这些著名殿堂的壁画不仅影响了此区域汉画像石的表现风格，而且成为其内容与形式创作的参考。

此区域的地理条件多为平原与山丘相间，有着丰富的便于开采与适宜雕刻的石灰岩石料。而当地冶铁业的发达，更为石料开采和画像石雕刻提供了先进的技术条件。

上述这些历史、地理条件，大致就是这一区域汉画像石产生早、数量多、繁荣兴盛的原因。

（二）画像石墓

关于此区域汉画像石墓的形制和时代分期问题，已发表不少研究文章[6]，虽然其论述的方法或结论有所不同，但趋向一致的意见和认识是可供参考的。

此区域汉画像石墓的情况较为复杂，在墓葬结构上除全部用石材砌筑的外，还有砖石混建的。就墓葬形制来看，有竖穴石椁墓及前后二室和前中后三主室组成的洞室墓。石椁墓中有单椁或双椁、三椁并置的，还有带壁龛或器物箱的。两个或三个主室的洞室墓有附设侧室或耳室的，有后室外环绕回廊的。室顶又分平顶、坡顶、叠涩式顶、覆斗顶及砖砌的券顶、穹隆顶等。尤其是大型多室墓，无论是平面布局，还是空间结构，几乎没有两座墓是完全相同的。

一般来说，在汉画像石墓中，石椁墓出现时间最早，洞室墓晚于石椁墓。而洞室墓中形制简单的双室墓年代较早，形制结构复杂的大型多室墓则多是在晚期发展起来的。但是，在墓葬形制的具体演变发展上，又有相互交错或并行的现象。这和地域发展的不平衡性或墓主人的社会背景不同等有关。综合分析这一区域汉画像石墓的情况，大体可划分为早、中、晚三个阶段。

1. 早期阶段

墓葬形制为竖穴石椁墓。石椁由前后挡板和左右侧板四块石板扣合而成，再以数块石板铺底或作盖板。其整体形状和木椁相似。近几十年来，石椁墓在此区域发现较多，如山东滕州岗头1号墓[7]，枣庄小山石椁墓[8]，临沂庆云山石椁墓[9]，济宁师专石椁墓[10]，平阴新屯2号墓[11]，江苏徐州万寨墓、范山墓[12]，连云港桃花涧墓、白鸽墓[13]，沛县栖山墓[14]，河南夏邑吴庄石椁墓[15]等。兹举例说明如下。

滕州岗头1号墓。该墓为竖穴单椁，椁室用四块壁板、两块盖板、一块底板，共七块石板构成。椁室内长2.5、宽0.71、深0.8米（图一七，1）。随葬品有鼎、盒、钫、罐等陶器，置于椁内足端棺外。椁挡板内侧刻穿璧、鱼等画像。

临沂庆云山2号墓。该墓为土坑竖穴，石椁在圹内东侧，西侧置随葬品。石椁由四块壁板、盖板与底板各一块组成，石椁长2.5、宽1、高0.96米。椁内四壁有凿纹地阴线刻画像，为屋宇、人物、树木及璧纹等。该墓曾出土鼎、盒、壶等成组陶器，和上述滕州岗头1号墓风格相近，推断其时代应一致，约为西汉武帝时期。

沛县栖山墓。该墓圹内并置三椁，中间一椁长2.63、宽1.1、高0.83米（图一七，2）。在中间椁的四壁和西边椁内西端挡板上有凿纹地阴线刻画像，为门阙、楼堂、乐舞、车骑、狩猎、西王母、神兽及铺首衔环等，图像数量和内容等都大为增多。其时代为西汉晚期至王莽时期前后。

总起来看，这种画像石椁墓主要分布在苏、鲁、豫、皖交界地区，时间早的大致到西汉武帝时期，流行于西汉晚期。画像全部是刻在石椁板上，雕刻技法以阴线刻为主，线条粗壮，

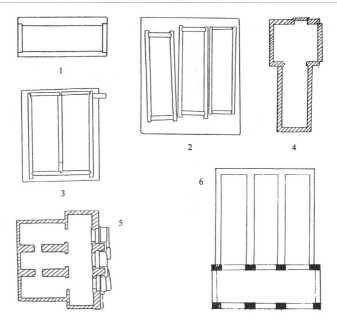

图一七　山东、苏北、皖北、豫东区汉画像石墓平面图

1.山东滕州岗头1号墓　2.江苏沛县栖山墓　3.江苏泗洪重岗墓　4.江苏铜
山周庄墓　5.江苏铜山洪楼墓　6.江苏东海昌梨水库3号墓

画像内容和边饰花纹图案都较简单。随着时间的推移，凹面线刻开始出现，画像内容也由简单的门阙、楼堂、人物逐步扩展，不仅刻画社会生活方面的内容增多，神仙、怪兽等形象也开始出现，从整体上呈现出发展的趋势。但不论从石椁墓的形制——一种从早期木椁演化来的形态，还是从画像石雕刻技法和内容的整体面貌，都仍然显示出其早期特征，属于汉画像石的滥觞阶段。

2.中期阶段

这个阶段时间上大致相当于新莽至东汉早期。石椁墓的形制仍有沿用，而结构则变得较复杂，如江苏泗洪重岗墓[16]、山东曲阜东安汉里石椁墓[17]。

此期的墓葬形制主要为有前后两室的洞室墓，平面多呈凸字形。分为全部用石材和砖石混合砌筑两种，石结构的如江苏铜山周庄、洪楼、苗山墓[18]，砖石混合的如江苏徐州利国黄山墓[19]，东海昌梨水库3、4、5、6号墓[20]，徐州东甸子墓[21]，河南永城固上村1、2号墓[22]，永城僖山墓等[23]。兹举例说明。

泗洪重岗墓。这是一座双椁并连的墓，也称作一椁双室。该石椁长2.94、宽2.2、高1.1米，由十二石构成，左、右、后三壁各一石，前端墓门二石，中间隔板一石（分椁为二室），封顶横盖四石，底部纵铺二石（图一七，3）。椁室内壁、中隔板两面与墓门内外均刻有画像，雕刻技法为浅浮雕。墓门上刻画铺首衔环，椁室内画像有门阙、楼堂、庖厨、乐舞、车骑、狩猎、农耕、日轮金乌、月轮蟾蜍等（图一八）。根据墓葬形

图一八　江苏泗洪重岗墓西室东壁画像（拓本）

制和出土的大泉五十、货泉等钱币，推定该墓的时间为王莽时期。

和重岗墓相类的是曲阜东安汉里画像石椁，除头端未开作墓门而仍作椁挡板外，其他结构完全相同，椁室四壁、中间隔

板两面与盖板上均有阴线刻的画像。这是一种较并穴合葬又发展了的同穴同椁室合葬墓。尤其是泗洪重岗墓，中间隔板上有窗孔，前端挡板已开作可启闭的墓门，似有向石室墓过渡的形态。这种画像石椁出现的时间也有可能晚至东汉早期。

铜山周庄墓。该墓全部用石材砌筑，清理时顶部已被拆毁。墓葬平面呈凸字形，分前后二室，全长5.38米。前室平面近方形，后室较窄，为长方形，前、后室之间有门和直棂窗（图一七，4）。墓门两侧立柱上有青龙、白虎与人首蛇身的伏羲、女娲画像。前室后壁门的两边有楼阁、人物画像，雕刻技法为浅浮雕和减地平面线刻。

铜山洪楼墓。前室横长，并排三个墓门。后室分为三个棺室，各有门与前室相通。后室隔墙有过道相通。各室均为叠涩顶（图一七，5）。在前室后壁两侧有减地平面线刻画像。

昌梨水库3号墓。该墓为砖石混筑的石门砖室墓，分前后二室。前室为砖砌四角攒尖顶，后室分三间，皆为砖砌券顶。墓门和前室后壁均用石材构成并列的三个门洞（图一七，6），画像主要刻于门额和两边立柱上，雕刻技法为凿纹地浅浮雕。

永城僖山墓。该墓为石条砌筑，平面略呈凸字形，全长5.45、宽3.58米。前室横长，后室分三间，顶部用石条叠砌成覆斗形（图一九，1）。墓门、前室四壁及后室后壁等部位刻有画像，雕刻技法为剔地浅浮雕，内容多为奇禽异兽及车马出行等。

这个阶段画像石墓的墓葬形制，除有少数的石椁墓遗存外，已基本演变为洞室墓，有着明显的仿效生活居宅的第宅化趋向。画像石上浅浮雕与减地平面线刻的雕刻技法已经出现，并越来越多地得到应用。画像内容趋于丰富，位置布局也开始

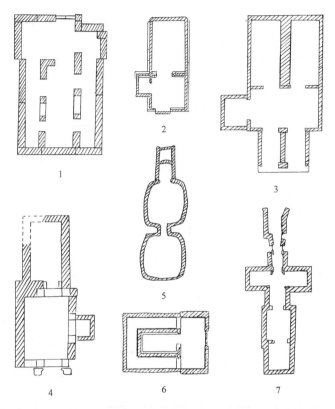

图一九 山东、苏北、皖北、豫东区汉画像石墓平面图

1.河南永城僖山墓 2.江苏铜山茅村墓 3.安徽宿州褚兰1号墓 4.山东章丘普集镇1号墓 5.山东福山东留公村1号墓 6.江苏邳州燕子埠元嘉元年（公元151年）缪宇墓 7.江苏徐州十里铺墓

有固定的格式，如门扉上刻铺首衔环，门柱上刻门吏或伏羲、女娲形象，生活内容等画像刻于墓室壁上。画像上的边饰花纹，也由简单变得复杂，并出现由二重或三重纹饰组成的复合边饰花纹带。虽然有些画像石雕刻的造型表现还显粗糙，但大

量的人物，尤其是那些奇禽异兽画像，都较准确、生动。总起来看，这个阶段的画像石呈现出发展和较为成熟的特征，单从面貌上已不易和晚期区别。再加上考古发现材料的局限，就目前对汉画像石的分期的研究而言，也是一个较难明确划分的阶段，有待进一步的认识。

3. 晚期阶段

这个阶段属于东汉中晚期，是该区域汉画像石墓发展最为繁盛的时期。此期汉画像石墓数量猛增，形制结构复杂多样，并流行大型多室画像石墓。有些画像石墓还有明确的纪年。墓室结构有全部石筑和砖石混建的。依据布局等形制之别，主要分为以下三个类型：

（1）两侧有耳室的前后室墓

其中石结构的有江苏铜山茅村墓[24]，东海昌梨水库1号墓[25]，新沂瓦窑墓[26]，铜山岗子1、2号墓[27]，安徽宿州褚兰墓[28]，山东苍山城前村元嘉元年（公元151年）墓[29]。砖石混建的石门砖室墓有江苏东海昌梨水库2号墓[30]，山东章丘普集镇1号墓[31]，泰安旧县村墓[32]，福山东留公村1、2号墓等[33]。兹举例说明。

铜山茅村墓。全部用石材构筑，长5.85、宽3.2米。前室右侧设有耳室。后室平面为长方形，隔墙上有直棂窗。前、后室上部均为叠涩顶（图一九，2）。

宿州褚兰1号墓。石结构，双甬道。前室平面呈横长方形，右侧设耳室。后室呈纵长方形，有隔墙分为左右两间（图一九，3）。

章丘普集镇1号墓。前室左侧设耳室，墓门及各室门均用石材，其余部分为砖筑。券顶已毁（图一九，4）。

　　福山东留公村 1 号墓。砖室石门结构，由甬道、前后墓室组成，长 14.2、宽 5.3 米。墓室四壁向外弧出，砖砌穹隆顶。墓门上部建有仿砖木结构的石雕门楼（图一九，5）。

　　（2）带回廊的前后室墓

　　其墓室主体由前、后室和回廊形阁室组成，如江苏邳州燕子埠元嘉元年（公元 151 年）缪宇墓[34]，山东济宁普育小学墓等[35]。以邳州燕子埠墓为例，该墓为石结构，长 7.35、宽 3.8 米，回廊开口于后室门左右两侧，三面环绕后室。前、后室为叠涩顶，回廊阁室为平顶（图一九，6）。

　　（3）有前、中、后三个主室的大型多室墓

　　其中有砖石混筑的，如江苏徐州十里铺墓[36]、睢宁九女墩墓[37]、泗阳打鼓墩墓[38]，安徽亳州袁牌坊 2 号墓[39]，山东章丘普集镇 2 号墓[40]、济南大观园墓[41]、诸城前凉台墓[42]。全部为石结构的有山东沂南北寨村墓[43]、安丘董家庄墓[44]、泗水南陈庄墓[45]、邹城车路口墓[46]，江苏铜山茅村熹平四年（公元 175 年）墓[47]、徐州利国墓[48]、徐州青山泉白集墓[49]、徐州拉犁山 2 号墓[50]，安徽亳州董园村 2 号墓[51]、定远坝王庄墓[52]，河南永城太丘 1、2 号墓[53]。兹举例说明。

　　徐州十里铺墓。该墓由前室及左右耳室、中室、后室组成，长 15.2、宽 5.52 米（图一九，7）。石门砖室结构，上部为券顶。在墓门和各室相通的石柱、门楣上刻有画像。

　　泗阳打鼓墩墓。为平地造坟墓，先平整夯实地面，加垫一层白膏泥，再平铺一层石板作为墓底。墓室由前室及左右耳室、中室、后室组成（图二〇，1）。墓室墙壁用石材叠砌，墓顶用砖砌成券顶。

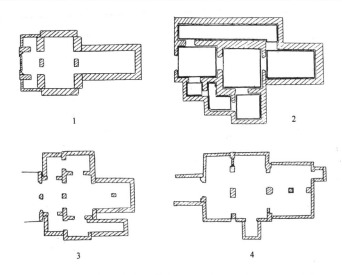

图二〇   山东、苏北、皖北、豫东区汉画像石墓平面图

1. 江苏泗阳打鼓墩墓   2. 江苏铜山茅村熹平四年（公元175年）墓   3. 山东沂南北寨村墓   4. 山东安丘董家庄墓

铜山茅村熹平四年（公元175年）墓。该墓为石结构，中轴线上列前、中、后三室。左侧有三个相通的耳室，前耳室与前室相通，后耳室与中室相通，中耳室与前、后耳室相通。右侧有一狭长的侧室，有门分别与前、后室相通。其形制较为别致（图二〇，2）。

沂南北寨村墓。该墓全部用石材砌筑，长8.7、宽7.55、高3.12米，由前室、中室、后室、左右四个耳室和一后侧室组成。墓门为三根石柱并列构成两扇大门。前、中室皆由八角擎天柱和过梁分为两间，后室则由地栿、斗栱和过梁分为两间，各耳室分别与前、中室相通或互通，左后侧室隔墙内设一厕所（图二〇，3；图二一）。墓室顶部为抹角叠涩藻井顶。在

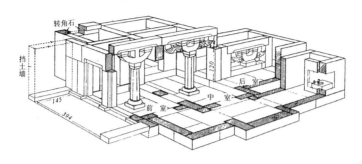

图二一　山东沂南北寨村墓透视图

墓门和墓室内布满了画像与花纹装饰，计有画像四十二石，画面七十三幅。该墓画像内容丰富，大体可分为四组。墓门门楣刻攻战图，门柱上为东王公、西王母、伏羲、女娲、神兽等形象。前室以横额上的吊唁祭祀图为主，并有建鼓、兵器及拥彗、执盾人物和大量神怪画像。中室横额上刻车骑出行、乐舞百戏、宴享庖厨及历史与神话故事等画像。后室主要是涤器、衣履和侍仆等寝居生活及奇禽异兽画像。其雕刻技法多样，除室壁和横额等绝大多数的画像采用减地平面线刻外，在墓门、立柱和斗栱上还有少数画像采用浅浮雕、阴线刻、高浮雕与透雕的技法。各种雕刻技法不仅运用成熟，而且和画像内容所在建筑物部位结合紧密，浑然一体。其墓室俨然若一座华贵的地下府第，堪称东汉晚期画像石兴盛时期的代表作。

安丘董家庄墓。这也是一座东汉晚期的大型石室墓，长14.3、宽7.91米，由甬道、前室、中室、后室及两个小耳室组成，后室由立柱、过梁分为两间。甬道券顶，前、中、后室为覆斗形顶，耳室平顶（图二〇，4；图二二）。整个墓室除甬道和耳室外，均刻满了画像与花纹。其中车骑出行、乐舞百戏、

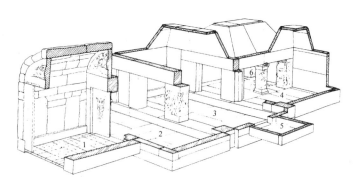

图二二　山东安丘董家庄墓透视图
1. 甬道　2. 前室　3. 中室　4. 后室　5. 东耳室　6. 北耳室

拜谒聚会、山林狩猎、历史故事等画像，多分布于室内四壁或顶部斜坡上，仙人、奇禽异兽、云纹等则主要刻于墓室顶部、立柱和墓门上。雕刻技法主要为凿纹地浅浮雕，也有少数车骑、人物画像用凿纹地凹面线刻。墓门门额高浮雕的仙人、卧鹿和墓内立柱上高浮雕或透雕的神兽交绕、男女相拥、母亲哺乳等画像，使墓室充满了瑰丽、神秘的色彩。

　　从晚期阶段的画像石墓可以看出，其形制结构复杂多样，而这种变化的共同特征是更加第宅化，墓葬建筑布局和功能都仿效生活中的居住建筑。在平面布局上沿中轴线而设的墓门、前室、中室和后室，就相当于居宅的大门、前堂、中堂和后寝，两侧的耳室或回廊则相当于两边厢房或阁室。这种结构的墓室，为雕刻画像提供了更为广阔的创作空间。这一时期，各种题材的画像内容都涌现出来，边饰花纹更加丰富，由多重花纹组成的复合装饰花纹带发展极盛。雕刻技法除以浅浮雕、减地平面线刻为主并兼有阴线刻、凹面线刻外，又新发展起来高浮雕和透雕。这正是适应着第宅化墓室的复杂空间结构而出现的。各种雕刻技法明显成熟，刻画的人物、车马、禽兽等图像，造型准确，形象生动。特别是以线条为主的阴线刻、减地平面线刻作品，如山东福山东留公村 1 号墓的车马画像、沂南墓中的历史故事画像、诸城前凉台墓的庖厨画像、亳州董园村 2 号墓的门吏画像等，那流畅自如的线条把人物图像等刻画得更加细腻逼真。画面构图的表现能力亦大为增强，出现了许多物象丰富、情节复杂的宏大场面。如沂南北寨村墓中的乐舞百戏图，那千姿百态的乐舞、杂技表演，如同《西京赋》中描写的"临迴望之广场，呈角抵之妙戏"[54]，使人有身临其境、目不暇接之感。从这一区域东汉晚期的画像石墓来看，汉画像石已发展到成熟和最为繁盛的阶段。

（三）画像石祠堂

1. 祠堂画像石的遗存与考察状况

汉代墓地上的祠堂，又名"食堂"、"庙祠"、"斋祠"等[55]，是对地下墓葬中死者进行祭祀的地面建筑。它由古代的宗庙祭祀演变而来，如东汉王充所说"古代庙祭，今俗墓祀"，皆为"鬼神所在，祭祀之处"[56]。汉代木结构祠堂早已毁灭无存，只有坚固耐久的石祠堂及其构件能保存下来，但也因为是地面建筑，在历经千年的沧桑巨变后，现存完整的石祠堂可谓凤毛麟角。

山东与其相邻的苏北和皖北，是惟一保存和发现祠堂画像石的地区。

山东长清孝堂山石祠，是现今惟一保存较完整的画像石祠堂，也是迄今保存于地面上的我国最早的一座房屋式建筑。该石祠画像，自宋代赵明诚的《金石录》以降，累为金石家所著录。20 世纪初，日本关野贞来此考察，并将石祠实测图公之于世[57]。60 年代初，罗哲文对孝堂山石祠的形制和画像内容又作了较详细的记述[58]。1981 年，山东省文物考古研究所与北京大学考古专业部分 82 届毕业生又作了实地考察，发现了过去被画像与榜题著录遗漏的新资料，排除了石祠有隧道的问题，并对石祠的名称由来、石祠主人与年代问题有了进一步的认识[59]。

嘉祥武氏祠，是东汉晚期武氏家族墓地上的祠堂建筑。其中的"武梁祠"，迟至宋代尚未倾圮湮没，所以当时兴起的金石学对画像有所著录。洪适曾录其文字于《隶释》，摹其图像于《隶续》，并以"武梁祠堂画像"名之[60]。到清乾隆年间，黄易等人次第掘出湮没已久的武氏祠画像石，除武梁祠画像仍用其名外，又大致根据和武梁祠的位置关系，将余者分别定名为"前石室画像"、"后石室画像"、"左石室画像"及"祥瑞图"等，并在每块画像石右上角刻上分组编号，如"武梁祠一"、"前石室二"、"左石室三"、"后石室四"等[61]。但这些编号并不表示原来在祠堂中的位置关系，各组之间的区分也不准确。正如其后不久对武氏祠画像著录的《山左金石志》中所记："今嵌于武氏祠壁间，原次难考，营立时随意标刻数目，以便识记。"[62]由此以后，武氏祠画像石被广为著录，其名蜚声中外。因以往著录只将其作为零散的画像石来对待，有些著录又未严格按照黄易的分组编号，故而弄得混淆不清。20 世纪以来，日本关野贞、美国费慰梅等曾先后来此考察。费慰梅根据拓片和实地调查，对武氏祠进行了复原[63]。但由于受当时条件限制，费氏无法了解画像石构件的全貌，也未能全部或合理地完成武氏祠画像石的建筑复原。然而费氏所注意到的武氏祠画像石缺乏基本建筑原状的事实，与其复原的观点、方法和成果，都是值得称道的。80 年代初，山东文物考古工作者又作了进一步的实地考察，在弄清楚武氏祠画像石的来源、数目、形制特点、准确尺寸与画像内容的基础上，将黄易等当年掘出的武氏祠画像石全部配置到原来的祠堂位置上，成功地复原了武梁祠、前石室、左石室三座祠堂，并证明所谓"后石室"不存在，为祠堂原貌形制及画像的研究提供了科学依据[64]。

金乡朱鲔石室。自郦道元《水经注》以后，宋代沈括的《梦溪笔谈》对其也有记述。清代阮元《山左金石志》等对画像作了文字著录，而 20 世纪 50 年代初出版的《汉代画像全集》，则对画像作了零散的图像著录[65]。美国费慰梅亦曾来此作过调查，并绘制过石祠画像的复原图[66]。相对来说，对该石祠的考察研究较少，部分画像石构件现在还在山东石刻艺术博物馆保存。

1981 年，南京博物院发表了 60 年代在徐州青山泉白集发掘清理汉画像石墓时发现的一座残毁的石祠堂资料[67]。

1983 年，蒋英炬根据嘉祥宋山新出土的两批零散汉画像石，成功复原了四座形制、规模一致的小祠堂。这种小祠堂地面现已不存，形制也和已知的祠堂有所不同，由此更认识到类似这种石祠的画像石构件至今还应有散存[68]。

1993 年，王步毅又发表了 60 年代在清理安徽宿州褚兰墓时发现的两个残毁小祠堂的资料[69]，由此更证明了当时那种小石祠的大量存在。

此外，在该区域还散存与出土了大量的祠堂画像石构件，其中尤以上述那种小石祠的构件为多，还有一些祠堂画像石刻有纪年。随着对画像石祠堂的复原和新石祠的发现与研究，对那些虽出自地下墓葬但原本属于祠堂的画像石构件有了进一步的认识。这对汉画像石的研究具有重要意义[70]。

2. 祠堂的形制及其画像

根据以上所述，目前所知汉代的画像石祠堂有四种类型。

（1）单开间平顶房屋式建筑的小祠堂

嘉祥宋山四座小祠堂皆属此类。以宋山1号小祠为例。其面宽1.9、深0.88、高约1.65米，由基石、三面壁石、屋顶石、脊石等构成。石祠前面敞开，两侧与横额上（即左、右壁石和盖顶石的前侧面）刻有连贯的花纹（图二三，1）。祠内三壁刻满画像，后壁为楼阁人物，左右两壁上部有西王母、东王

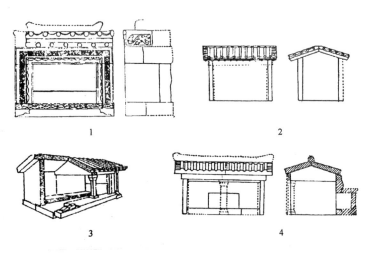

图二三　山东、苏北、皖北、豫东区祠堂形制图

1. 山东嘉祥宋山1号小祠堂　2. 山东嘉祥武梁祠　3. 山东长清孝堂山石祠

4. 山东嘉祥武氏前石室

公及奇禽异兽形象，依次向下有历史故事、乐舞、庖厨等画像，最下部为贯连三壁的车骑出行图（图二四）。画像采用凿纹减地平面线刻的技法，和武氏祠画像如出一辙。其时间当在东汉晚期的桓、灵时期。

这种小石祠堂内部空间狭窄，不能容纳人，微山两城画像石题记中的"小食堂"，即指此类小祠堂。山东微山两城永和二年（公元 137 年）、永和四年（公元 139 年）画像石，永初七年（公元 113 年）戴氏享堂画像石，嘉祥焦城村画像石[71]，嘉祥五老注出土的 3、4、5 号石[72]，滕州西户口出土的画像石[73]，江苏铜山汉王乡东沿村出土的十块画像石（其中一石有"元和三年"题记)[74]，以及早年日本藏田信吉在孝堂山下掘出的小石祠画像石[75]等散存或出土的画像石，皆为此类小石祠的墙壁构件。

（2）单开间悬山顶房屋式建筑

以嘉祥武梁祠为代表，面宽 2.41、深 1.57、高约 2.4 米。前面敞开，不设门扉，山墙锐顶，屋顶两面坡，上刻瓦垄，檐头刻出连檐、瓦当（图二三，2）。根据复原情况，它是以黄易编号的"武梁祠二"与"武梁祠三"作山墙、"武梁祠--"为后壁、"祥瑞图"二石为屋顶两坡、"武家林"断石柱为东壁前侧立柱构成的。祠内三壁和屋顶上都刻满了画像。屋顶上有各种祥瑞形象，祠壁画像则层层罗列，后壁中央刻楼阁人物，两山墙锐顶部分刻西王母、东王公等仙人、灵兽形象。三壁刻大量有榜题的历史故事是该祠画像的一大特点（图二五）。画像为减地平面线刻。根据武梁碑文，武梁死于元嘉元年（公元 151 年），该祠即建于此时。

徐州青山泉白集发现的一座残毁祠堂，形制与武梁祠相

图二四　山东嘉祥宋山1号祠堂三壁展开图（拓本）

同。其画像为浅浮雕，时间也为东汉晚期。

宿州褚兰发现的两座残毁祠堂，形制亦为单开间悬山式房屋建筑。其规模较小，如宋山小祠堂。祠内壁面原来也刻满画像，布局近似宋山小祠堂，如2号墓小祠堂下部的三块墙基石上，亦刻有车马出行图。画像均为剔地浅浮雕（图二六）。据2号墓祠堂后壁中有祠主和"建宁四年"（公元171年）的碑文题记，可知石祠建造的确切年代。

（3）双开间悬山顶房屋式建筑

以现在仍较完整保存于地面的长清孝堂山石祠为代表。石祠朝南，面宽4.14、深2.5、高约2.64米。其结构为西壁一石，东壁上下二石，两壁上部皆为锐顶三角形，后壁横列二石。前面正中设八角形石柱。在石柱栌斗和后壁上，前后架一

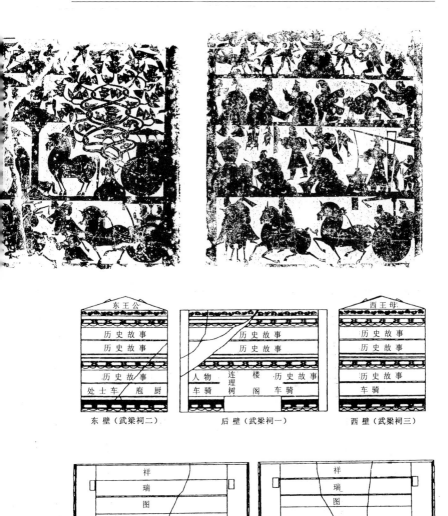

图二五　山东嘉祥武梁祠画像配置示意图

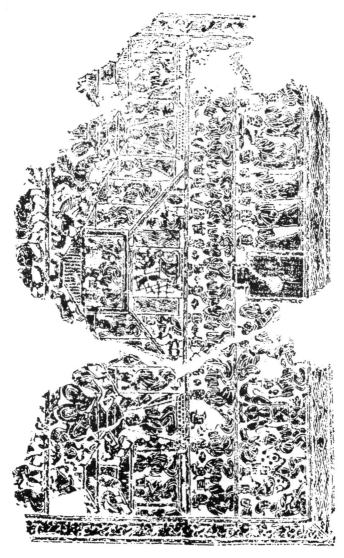

图二六 安徽宿州褚兰胡元壬祠堂后壁画像（拓本）

个三角形隔梁石，将室分为两间。两山墙前各立一条形石柱，和中间八角石柱上横置枋石，以托屋顶前檐。屋顶四石覆于前后两坡，屋顶刻出瓦垄、瓦当连檐形状（图二三，3）。祠内墙壁和三角隔梁石上刻满画像，均为在磨光石面上用阴线刻或凹面线刻，有楼阁人物、车骑出行、战争、狩猎、乐舞、庖厨、历史故事及西王母、仙人、日月星象等。其中三壁上部的"大王车"出行图画面相互贯连。据在祠堂后壁下部新发现有榜题"二千石"的一列车骑出行图，可进一步证明祠主是二千石的高级官吏。石祠建筑的年代，当在石祠中发现的后人题记"永建四年"（公元 129 年）之前，与其附近出土的雕刻技法、风格相同的肥城栾镇村建初八年（公元 83 年）画像石时间相近。

金乡朱鲔石室的形制与孝堂山石祠相同。黄易当年发掘出武氏祠画像石时曾记："石室（指武氏祠前石室）之制，如肥城之郭巨、金乡之朱鲔，孤撑一柱，屋架两间，皆实其后而虚

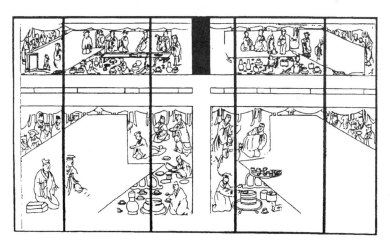

图二七　山东金乡朱鲔祠堂画像（摹本，费慰梅绘）

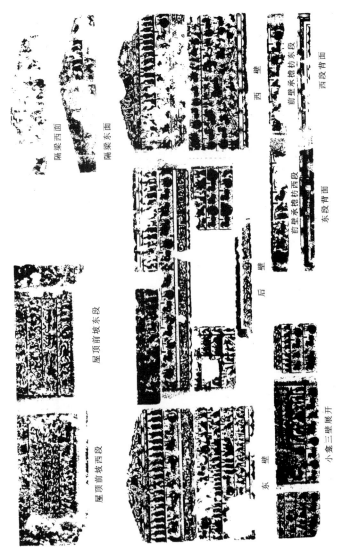

图二八　山东嘉祥武氏祠前石室画像配置示意图

其前。此室比武梁祠稍大，中壁空穴，方广二尺，虽石片零落，莫知次序，而规制约略可辨。"[76]由此记述，可知黄易见过当时尚存的朱鲔石室。其形制和郭巨祠（即孝堂山石祠）一样，都是前面有立柱、分为两间的祠堂。两者和武氏祠前石室的不同，就是后壁没有小龛，所谓"中壁空穴，方广二尺"。笔者曾仔细观察过朱鲔石室部分画像石构件及费慰梅绘制的祠壁画像，确为不误。朱鲔石室墙壁，都是由长方形石板纵向并列扣合而成。祠内壁刻有画像，均为平面阴线刻，分上下两部分，题材主要是祠主夫妇生前的日常生活（图二七）。此画像石祠还有一些问题尚待研究。

江苏铜山洪楼画像石墓旁零散出土的祠堂画像石构件，大概也属这种形制的祠堂[77]。

（4）双开间悬山顶后壁有龛的祠堂

这种祠堂的形制、大小都和孝堂山石祠相近，但在后壁下部正中向外增设了一个小龛。小龛由基石、两侧石与后壁石、盖顶石组成，形制、大小又近似宋山小祠堂。复原起来的武氏祠前石室（图二三，4；图二八）、左石室属此类型。属于前石室的画像石构件，由黄易编号的"前石室一"至"前石室十二"全部十二石及"孔子见老子"一石构成墙壁与小龛，"后石室四"、"后石室五"二石为屋顶前坡，另有一未著录的花纹供案石为小龛基座。左石室的构件，有现存"左右室二"至"左石室九"八石[78]、"后石室六"至"后石室九"四石构成墙壁与小龛，"后石室一"至"后石室三"三石为屋顶，另有一未编号和著录的残脊石。从复原的两座祠堂可知，祠内墙壁、屋顶和小龛内都刻满了画像，内容丰富，层次分明，三面墙壁上的分层花纹带横贯连接。屋顶刻有仙人、神灵等形象，西王母、东王公画像出现在对称的两山墙上部。儒家门人的高贵形象和车骑出行队伍安排在祠壁上部的显要位置，楼阁人物画像刻在后壁中央的小龛后壁上，小龛下部有横贯三壁的车骑出行画像。所推定的前石室主人武荣，死于东汉桓、灵之际，约公元168年，由此也可知这种石祠的年代。

3. 祠堂画像石的分期和特征

由现在已知的祠堂建筑形制可知其早晚变化并不大。根据画像石的雕刻技法演变情况，并参照有纪年的祠堂画像石，大致可将其分为前后两个阶段。

前期阶段是从西汉晚期到东汉早期。石祠形制有单开间平顶小石祠、双开间悬山顶石祠，雕刻技法主要为凹面线刻和阴线刻。如山东嘉祥五老洼、焦城村小石祠画像石及汶上天凤三年（公元16年）路公食堂画像石，均为凿纹地凹面线刻。其时间大约在西汉末到王莽时期。孝堂山石祠和肥城栾镇村建初八年（公元83年）的祠堂画像石，均为磨平石面上的阴线刻与凹面线刻，时间相当章帝前后，属东汉早期。在东汉早期的小祠堂内，也出现了浅浮雕的刻法，如江苏铜山汉王乡出土的元和三年（公元86年）画像石。而双开间悬山顶石祠的存在，则说明在前期阶段，特别是东汉早期，已经出现单开间悬山顶的石祠，只是至今没有发现。

后期阶段是画像石祠堂发展的极盛期，年代为东汉中晚期。上述各种类型的祠堂晚期都有，雕刻技法主要使用此区域当时流行的减地平面线刻、浅浮雕及平面阴线刻技法。前期的石祠都得到沿用发展，尤其那种单开间平顶小石祠一直延续下来，可能是低级小吏或一般平民的祠堂，所以属于这种小祠堂的画像石特别多。像武氏祠前石室和左石室那种双开间悬山顶后壁又增设小龛的祠堂，可能为晚期演变出的新类型。这种画像石祠堂，不论是从雕刻技法的成熟、画像内容的丰富及画像布局的饱满、规范程度等方面，都堪称汉画像石繁盛时期的代表作。

前后两个阶段的画像石祠堂，除在主要使用的雕刻技法、画像内容的多少和作品的成熟性上有所差别外，还表现在前段的祠堂在东壁没有和西壁西王母画像相对称的东王公画像，而一般是风伯吹屋的形象[79]。前期的祠堂顶部一般也不刻画像。但不可否认，前、后期的祠堂画像仍有许多共同点。

由于墓地祠堂是地面祭祀建筑，其画像便于观瞻。这种房屋式建筑内部空间和壁面整齐、简洁，不像地下墓室那样复杂，所以，在画像内容和布局等方面，有着明显的共同特征。其一，祠堂画像内容与布局都比较规范和固定化，并具有一定空间方位的意义。从画像内容和所处的位置来看，一座祠堂就像包含了天上、人间的一个大的宇宙空间，体现着当时人们的宇宙观念和五行方位。如祠堂顶部都刻有天上的神灵、日月星象和祥瑞画像等，以表示神秘的天空世界和天降祥瑞。两壁的上部或山尖部位，则刻有西王母或东王公等仙人画像，象征着仙人所在的仙山境界。祠壁的其他部位，从上而下则依次刻有历史故事和生活题材的画像。一般西壁多刻有战争、狩猎画像，东壁多刻有乐舞、庖厨等画像。车骑出行为常见的内容，通常是在祠壁下部，刻一列横贯三壁（或只在后壁）的车骑出行的画像。而在祠堂的后壁或后壁的中央部位，往往都刻有一幅相似的楼阁人物画像，过去曾有人解释为"穆天子会见西王母"等。但经过多次的研究论证，从祠堂建筑的性质和画像的位置与功能等来分析，还是以象征受祭祀的祠主图像为切当[80]。从安徽褚兰 2 号墓祠堂的后壁中央刻有"方凸形的小墓碑"并有"辟阳胡元壬□墓"的题铭看，这个部位的画像非为祠主莫属。其二，祠堂画像都采用分层、分格的布局，即从上而下用横栏或花纹带将石面分为数层，每层内刻画一个主题或相近内容的画像。整个画面布局层次分明，井然有序，在有限的面积内刻画出繁多的物象。尤其在后期的祠堂上，这种分层的花纹带更具有统一性和连贯性。武氏诸祠堂中横贯三壁的复合花纹带，不仅使整个祠内画像层次分明，而且极具整齐、华丽的装饰效果。

（四）画像石阙

阙又名"观"，是我国古代城垣、宫殿、府第、陵墓前面门道两侧的一对高层建筑[81]。到汉代，这种建筑更走向世俗，用以"饰门，别尊卑"[82]。山东平邑皇圣卿阙铭称"南武阳平邑皇圣卿冢之大门"，直接说明阙就是墓地前面的大门。而作为墓地大门的石阙，并无可启闭的门扉，实际上就是位于墓地神道口相当于大门的建筑标识。

在此区域，除原来保存的嘉祥武氏石阙、平邑皇圣卿阙和功曹阙外，又新发现了莒南东兰墩孙氏阙、莒县东莞孙氏阙。可贵的是这些石阙都有明确纪年，从而可以看出石阙形制和画像内容的特点及早晚不同的变化。

莒南孙氏阙。为一残存的单阙，清理出土时有阙身一石、阙顶二石及其他残石块。根据构件可知，此阙形制为重檐四阿顶的单体石阙。阙身由一石构成，为一上窄下宽的梯形面石板，高 1.8 米。正面周边饰连弧纹，以横栏分层，刻人物、神

兽等画像。左侧面有穿璧纹和人首蛇身像，右侧有"元和二年
正月六日孙仲阳"等题铭。雕刻技法为浅浮雕[83]。此阙建于
东汉章帝元和二年（公元85年），是现存有纪年的最早的汉代
石阙。

平邑皇圣卿阙与功曹阙。两座阙原来皆位于山东平邑县城
北八埠顶，30年代迁至平邑镇小学校内，现仍保存于该处。
皇圣卿阙分东西双阙，形制为单檐四阿顶单体石阙，高约2.5
米。阙身为一近方形的石柱，四面上下分层刻画像，有人物、
车骑、战争、渔猎、乐舞、庖厨与神仙灵异等，雕刻技法为凿
纹地凹面线刻，画面已磨泐不清。其西阙正面有"南武阳平邑
皇圣卿冢之大门"与"元和三年"等题铭，可知此阙建于东汉
章帝元和三年（公元86年）。功曹阙仅存一单阙，形制、大小
及画像风格都与皇圣卿阙近同。从题铭中可知，该阙建于东汉
章和元年（公元87年），其主人为南武阳县功曹[84]。另外，
在散存汉画像石中还能见到与这种阙的形制类似的构件，如原
出山东新泰的"师旷墓画像"[85]，即为方形石柱式的阙身，其
画像雕刻技法也为凹面线刻。

嘉祥武氏石阙。它和武氏祠堂为同一建筑组群，是东汉武
氏家族墓地神道口的大门。此阙在60年代提升到现地面，如
今仍保存于原处。武氏石阙形制为重檐四阿顶复体石阙，即正
阙旁依子阙。阙高4.3、两阙相距6.15米，其间横置一条石
门限，门限中央立一圆首石榜（图二九）。石阙的基座、阙身、
栌斗等部位都刻有画像或花纹。画像主要刻于阙身四面，每面
画像都由复合花纹组成统一的边饰，边饰之内以栏分层，刻有
楼阁、人物、车骑、故事、神灵、异兽、铺首等。雕刻采用减
地平面线刻技法。从西阙正面的题铭可知，此阙建于东汉桓帝

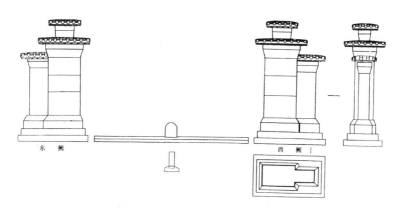

图二九　山东嘉祥武氏阙实测图

建和元年（公元 147 年）[86]。

莒县东莞孙氏阙。此阙出土时砌于后代的墓中，双阙上部已残，阙身近似方柱体，高 1.7、宽 0.68、厚 0.37 米。阙身下有基座，高 0.27 米，上面有槽，阙身下面有榫插入槽内。基座上刻有连弧纹、穿璧纹等。阙身四面刻满画像，雕刻技法为减地平面线刻。正背两面上层都刻出双道半圆形云纹边框。其下画像以横栏分层，多至六七层，刻西王母、东王公、车骑出行、人物拜谒、战争献俘、神灵异兽及大量历史故事等（图三〇），有榜题"夏禹"、"禹妻"、"汤王"、"汤妃"等，为以往所未见。此阙原刻有长篇的题铭，可惜被后代筑墓人凿残。从其中能辨识出的"光和元年八月"、"琅琊东莞孙熹"等字可知，此阙建于东汉灵帝光和元年（公元 178 年）[87]。

以上各石阙的纪年，也可划分为前后两期，莒南孙氏阙与平邑皇圣卿阙、功曹阙都建于章帝时期，属于东汉早期，而嘉祥武氏阙和莒县东莞孙氏阙，则属东汉晚期。前期石阙形制较简单，雕刻技法采用此区域当时较流行的凿纹地凹面线刻与新出现的浅浮雕，尤其莒南孙氏阙上窄下宽的阙身和粗略的浅浮雕画像，显示出其较早的形态。后期的石阙，形制较复杂，尤其武氏石阙，重檐耸立的正阙旁依单檐子阙，错落有致，雄伟大方。画像均采用当时盛行的减地平面线刻，布满阙身四面的画像和花纹边饰与整个建筑融为一体。所以，这一时期的石阙画像，从整体上与同时的祠堂或墓室一样，属于画像石成熟期的作品。此区域前、后期的画像石阙，都是在阙身四面分层刻满画

图三〇　山东莒县东莞孙熹阙画像（拓本）

像，不仅具有该区域，特别是山东地区汉画像石的特点，而且也显示了与四川、河南等地石阙画像的不同处。

综合来说，该区域的汉画像石，在自西汉武帝时期到东汉末的近三百年间，经历了滥觞、发展、繁荣三个阶段。武帝时期至西汉末年为滥觞阶段。这个时期的画像石墓葬建筑，主要

是早期的小型画像石椁墓和那种单开间平顶的小石祠，画像内容简单，雕刻技法以阴线刻与凹面线刻为主，风格粗犷。王莽时期与东汉早期为发展阶段，墓葬建筑主要为不设耳室的前后室洞室墓及少数画像石椁墓（如泗洪重岗墓一椁双室的类型）。祠堂除小石祠外，稍后即出现了如孝堂山双开间悬山顶石祠，可知其形制也多已具备。石阙有形制较简单的单体石阙。画像内容明显增加，个别单位如孝堂山石祠，其画像题材的丰富繁杂和晚期无大区别。雕刻技法以凹面线刻、浅浮雕为主，也有减地平面线刻，作品风格趋于细腻，形象亦更为生动。东汉中、晚期为繁荣期，特别是东汉晚期发展极盛。这个时期的画像石墓，早期的画像石椁墓不见了，盛行以大型多室墓为代表的各种各样的洞室墓，且数量众多，规制宏丽，俨似一座座地下府第。四种类型的祠堂并存。石阙有子、母阙组成的复体石阙。各种题材的画像内容更加充实、丰富，尤其是神灵仙人、奇禽异兽、祥瑞和经史故事图像大量增加，并在画像内容中占有突出地位。雕刻技法多样，以浅浮雕和减地平面线刻为主，各种技法并存发展。其中尤以阴线刻技法从早到晚有较长时间的发展，线条运用更为成熟，促使形成该区域画像石细腻、繁缛的艺术风格。过去对山东地区汉画像石所谓构图复杂、层层罗列、饱满均衡、细腻繁缛等风格的概括，也主要是反映其东汉晚期繁荣阶段的特征和面貌。

从汉画像石的发展可以看出，这个区域的汉画像石是由鲁南、苏北的小型石椁墓与小石祠的画像发展起来的，产生时间早，延续发展时间长，扩展分布的面积广大，且遗存数量众多，品类齐全。因此，是一个重要的汉画像石中心区域。

注　释

[1] 江苏省文物管理委员会编《江苏徐州汉画像石》，图 81，科学出版社 1959 年版；蒋英炬《略论山东汉画像石的农耕图像》，《农业考古》1981 年第 2 期。

[2] 据《汉书·地理志》等记载统计，在山东境内的铁官地点有千乘郡千乘，济南郡东平陵、历城，泰山郡赢，齐郡临淄，东莱郡东牟，琅邪郡东武，山阳郡，胶东国郁秩，城阳国莒，鲁国鲁，东平国无盐，在江苏北部的铁官地点有彭城、下邳、朐等，几乎占全国所设铁官的三分之一。

[3] 吴文祺《从山东汉画像石图像看汉代手工业》，《中原文物》1991 年第 3 期。

[4] 罗振玉、王国维《流沙坠简·考释二》，第 186 页，中华书局 1993 年版。

[5] 王延寿《鲁灵光殿赋》，《文选》卷十一，第 171 页，中华书局 1977 年版。

[6] 王恺《苏鲁豫皖交界地区汉画像石墓墓葬形制》，《汉代画像石研究》，第 53～61 页，文物出版社 1987 年版；米如田《汉画像石墓分区初探》，《中原文物》1988 年第 2 期；信立祥《汉画像石的分区与分期研究》，《考古类型学的理论与实践》，第 234～306 页，文物出版社 1989 年版；王恺《苏鲁豫皖交界地区汉画像石墓的分期》，《中原文物》1990 年第 1 期；罗伟先《汉代画像石墓葬形制的初步研究》，《华西考古研究》（一），第 64～136 页，成都出版社 1991 年版；杨爱国、郑同修《山东、苏北、皖北、豫东区汉画像石墓葬形制》，《刘敦愿先生纪念文集》，第 438～449 页，山东大学出版社 1998 年版。

[7] 燕生东、刘智敏《苏鲁豫皖交界区西汉石椁墓及其画像石的分期》，《中原文物》1995 年第 1 期。

[8] 枣庄市文物管理委员会办公室、枣庄市博物馆《山东枣庄小山西汉画像石墓》，《文物》1997 年第 12 期。

[9] 临沂市博物馆《临沂的西汉瓮棺、砖棺、石棺墓》，《文物》1988 年第 10 期。

[10] 济宁市博物馆《山东济宁师专西汉墓群清理简报》，《文物》1992 年第 9 期。

[11] 济南市文化局、平阴县博物馆筹建处《山东平阴新屯汉画像石墓》，《考古》1988 年第 11 期。

[12] 王恺《徐州地区石椁墓》，《江苏社联通讯》第 19～23 页，1980 年 10 月；徐州博物馆《徐州汉画像石》，附图 1，图 1～4，江苏美术出版社 1985 年版。

[13] 李洪甫《连云港市锦屏山汉画像石墓》，《考古》1983 年第 10 期。

［14］徐州博物馆、沛县文化馆《江苏沛县栖山画像石墓清理简报》，《考古学集刊》1982 年第 2 集。

［15］商丘地区文化局《河南夏邑吴庄石椁墓》，《中原文物》1990 年第 1 期。

［16］南京博物院、泗洪县图书馆《江苏泗洪重岗墓汉画像石墓》，《考古》1986年第 7 期。

［17］蒋英炬《略论曲阜"东安汉里画像"石》，《考古》1985 年第 12 期。

［18］江苏省文物管理委员会编《江苏徐州汉画像石》，第 7～10 页，科学出版社1959 年版。

［19］江苏省文物管理委员会、南京博物院《江苏徐州、铜山五座汉墓清理简报》，《考古》1964 年第 10 期。

［20］南京博物院《昌梨水库汉墓群发掘简报》，《文物参考资料》1957 年第 12期。

［21］徐州博物馆《徐州汉画像石》，江苏美术出版社 1985 年版。

［22］河南省博物馆《河南永城固上村汉画像石墓》，《河南文博通讯》1980 年第 1期。

［23］李俊山《永城僖山汉画像石墓》，《中原文物》1990 年第 1 期。

［24］南京博物院《徐州茅村画像石墓》，《考古》1980 年第 4 期。

［25］同［20］。

［26］徐州博物馆、新沂图书馆《江苏新沂瓦窑汉画像石墓》，《考古》1985 年第 7期。

［27］同［19］。

［28］王步毅《安徽宿县褚兰汉画像石墓》，《考古学报》1993 年第 4 期。

［29］山东省博物馆、苍山县文化馆《山东苍山元嘉元年画像石墓》，《考古》1975年第 2 期。

［30］同［20］。

［31］王思礼《山东章丘普集镇汉墓清理简报》，《考古通讯》1955 年第 6 期。

［32］泰安市文物管理局《山东泰安县旧县村汉画像石墓》，《考古》1988 年第 4期。

［33］山东省文物管理处《山东福山东留公村汉墓清理简报》，《考古通讯》1956年第 5 期；福山县文化馆图博组《山东福山东留公村汉墓画像石》，《文物资料丛刊》1981 年第 4 期。

［34］南京博物院、邳县文化馆《东汉彭城相缪宇墓》，《文物》1984 年第 8 期。

［35］济宁博物馆《山东济宁发现一座东汉墓》，《考古》1994 年第 2 期。

[36] 江苏省文物管理委员会《江苏十里铺汉画像石墓》，《考古》1966年第2期。

[37] 李鉴昭《江苏睢宁九女墩墓清理简报》，《考古通讯》1955年第2期。

[38] 淮阴市博物馆、泗阳县图书馆《江苏泗阳打鼓墩樊氏画像石墓》，《考古》1992年第9期。

[39] 安徽省博物馆《亳县曹操宗族墓葬》，《文物》1978年第8期；亳县博物馆《安徽亳县发现一批汉代字砖和石刻》，《文物资料丛刊》1981年第2期。

[40] 同[31]。

[41] 山东省文物管理委员会《济南大观园的一个汉墓》，《考古通讯》1955年第4期。

[42] 任日新《山东诸城汉墓画像石》，《文物》1981年第10期。

[43] 南京博物院、山东省文物管理处《沂南古画像石墓发掘报告》，文化部文物管理局1956年版。

[44] 山东省博物馆《山东安丘汉画像石墓发掘简报》，《文物》1964年第4期；安丘县文化局、安丘县博物馆《安丘董家庄汉画像石墓》，济南出版社1992年版。

[45] 泗水县文物管理所《山东泗水南陈东汉画像石墓》，《考古》1995年第5期。

[46] 解华英《山东邹城市车路口东汉画像石墓》，《考古》1996年第3期。

[47] 王献唐《徐州市区的茅村汉墓群》，《文物参考资料》1953年第1期。

[48] 同[19]。

[49] 南京博物院《徐州青山泉白集东汉画像石墓》，《考古》1981年第2期。

[50] 耿建军《徐州拉犁山2号东汉石室墓》，《中国考古学年鉴》（1990年），第208～209页，文物出版社1991年版。

[51] 同[39]。

[52] 安徽省文物管理委员会《定远县坝王庄古画像石墓》，《文物》1959年第12期。

[53] 李俊山《永城太丘1号汉画像石墓》，《中原文物》1990年第1期；永城县文物管理委员会、商丘博物馆《永城太丘2号画像石墓》，《中原文物》1990年第1期。

[54] 张衡《西京赋》，《文选》卷二，第48页，中华书局1977年版。

[55] 如山东汶上路公祠堂画像石题铭中有"天凤三年立食堂"；微山两城永和二年画像石题铭有"思念父母，弟兄悲哀，乃治冢作小食堂"；山东邹县发现的一画像石上有"食斋祠园"；北京石景山出土永元十七年秦君石阙铭中有"欲广庙祠，尚无余日"等字。

［56］王充《论衡·四讳篇》，《诸子集成》，第 228 页，上海书店 1986 年影印本。

［57］关野贞《支那山东省における汉代坟墓の表饰》，图 4，东京，1916 年版。

［58］罗哲文《孝堂山郭氏墓石祠》，《文物》1961 年第 4、5 期合刊。

［59］蒋英炬《孝堂山石祠管见》，《汉代画像石研究》，第 204～218 页，文物出版社 1987 年版。

［60］洪适《隶释》卷十六记："予案任城有从事武梁碑，以桓宗元嘉元年立，其辞云：'孝子仲章、季章、季立，孝孙子侨，躬修子道，竭家所有，选择名石，南山之阳，擢取妙好，色无斑黄，前设坛墠，后建祠堂，良匠卫改，雕文刻画，罗列成行，摅骋技巧，委蛇有章。'似是谓此画也，故予以武梁祠堂画像名之。"

［61］黄易《修武氏祠堂记略》，见《两汉金石记》卷十五；又黄易《左石室画像跋》记："右画像李梅村、刘桂仙得于武梁石室之左"，见《枕经堂金石书画题跋》卷二。

［62］毕沅、阮元《山左金石志》卷七，第 42 页。所谓"今嵌于武氏祠壁间"，是清代黄易等修建的保护武氏祠画像石的房屋，也称为"武氏祠堂"。

［63］费慰梅（Wilma Fairbank）《汉"武梁祠"建筑原形考》，《中国营造学社汇刊》第 7 卷 2 期。

［64］蒋英炬、吴文祺《武氏祠画像石建筑配置考》，《考古学报》1981 年第 2 期；《汉代武氏墓群石刻研究》，山东美术出版社 1995 年版。

［65］傅惜华《汉代画像全集》初编，图 133～159，巴黎大学北京汉学研究所 1950 年版。

［66］Wilma Fairbank，"A Structural Key to Han Mural Art"，Reprinted in Fairbank，Adventures in Retrival，pp89-140.

［67］同［19］。

［68］蒋英炬《汉代的小祠堂——嘉祥宋山汉画像石建筑复原》，《考古》1983 年第 8 期。

［69］同［19］。

［70］信立祥《论汉代的墓上祠堂及其画像》，《汉代画像石研究》，第 180～203 页，文物出版社 1987 年版。

［71］傅惜华《汉代画像全集》初编，图 162，巴黎大学北京汉学研究所 1950 年版。据日本朋友曾布川宽先生告，此石现在日本东京书道博物馆。

［72］嘉祥县文物管理所《嘉祥县五老洼发现一批汉画像石》，《文物》1982 年第 5 期。

[73] 山东省博物馆、山东省文物考古研究所《山东汉画像石选集》，图 216～220、图 228、图 229 等，齐鲁书社 1982 年版。

[74] 徐州博物馆《徐州发现东汉元和三年画像石》，《文物》1990 年第 9 期。从发表的资料可看出，减地平面线刻画像的第 1、2 号石，即是一座小石祠的左右两壁。

[75] 大村西崖《支那美术史·雕塑篇》，附图 271～275，东京印刷株式会社 1916 年版。此石现藏东京博物馆。

[76] 黄易《武氏祠前石室画像跋》；方朔《枕经堂金石书画题跋》卷二。

[77] 江苏省文物管理委员会《江苏徐州汉画像石》，第 10～11 页，图 49～63，科学出版社 1959 年版。

[78] 原"左石室画像"编号有十石，其中"左石室一"、"左石室十"二石佚失。又"左石室一"即为刻颜叔握火故事的画像者，据黄易《左石室画像跋》记述，当时是在一小桥上发现的，本不属于出土的左石室画像石一组，经复原证明也不是左石室的构件。"左石室十"即刻有五铢钱连缀文者，黄易曾指出"似施于室前檐下者"。此石为承托前檐的横枋石条。

[79] 据信立祥推测："这种布局，显然是由于东王公的传说尚未出现，只能以具有风伯职能的东方苍龙星座中的箕星来代表东方之神。"见信立祥《汉画像石的分区与分期研究》，《考古类型学的理论与实践》，文物出版社 1989 年版。

[80] 英国的布歇尔曾提出此说，见其《中国艺术》，第一册图 16 标题。转引自费慰梅《汉"武梁祠"建筑原形考》。还有认为该图是汉代某个齐王等。见注 [63]、[64]、[70]。

[81] 许慎《说文解字》记："阙，门观也。"崔豹《古今注》卷上曰："阙，观也。古每门树两观于其前，所以标表宫门也。其上可居，登之则可远观，故谓之观。"

[82] 郦道元《水经注·穀水》卷十六引《白虎通》，第 541 页，王国维校本，上海人民出版社 1984 年版。

[83] 刘心健、张鸣雪《山东莒南发现汉代石阙》，《文物》1965 年第 6 期。

[84] 刘敦桢《山东平邑县汉阙》，《文物参考资料》1954 年第 5 期；陈明达《汉代的石阙》，《文物》1961 年第 12 期；画像见傅惜华《汉代画像全集》初编，图 201～216，巴黎大学北京汉学研究所 1950 年版。

[85] 傅惜华《汉代画像全集》二编，图 240～243，巴黎大学北京汉学研究所 1951 年版。此石现存泰安市博物馆。

［86］蒋英炬、吴文祺《石阙和石狮》，《汉武氏墓群石刻研究》，山东美术出版社
1995 年版。

［87］苏兆庆、夏兆礼、刘云涛编著《莒县文物志》，第 127～133 页，齐鲁书社
1993 年版。

六 南阳、鄂北区汉画像石

南阳、鄂北区是山东、苏北、皖北、豫东区之外的又一个汉画像石产生和发展的中心区域。其汉画像石产生时间和延续发展的时间与山东、苏北、皖北、豫东区相当，分布的区域范围虽然比较小，大都在汉代的南阳郡之内，但分布地点相对集中，数量极为丰富。在南阳地区，三国魏晋时期的墓葬拆用汉画像石的现象较为普遍，如建宁三年（公元170年）的许阿瞿墓志画像石即出自后代墓葬中。另外，南阳东关晋墓[1]、南阳建材实验厂晋墓[2]、南阳王庄魏晋墓[3]、南阳独山西坡晋墓[4]、南阳十里铺晋墓[5]、南阳药材市场魏晋墓[6]、南阳邢营魏晋墓[7]等都拆用了汉画像石。此区域的汉画像石全部出自墓葬，墓葬形制极富变化。因此，本章将专门对其作一介绍。

（一）历史概况

河南南阳与其毗邻的鄂北地区在汉代属南阳郡辖地，东汉时有"帝乡"、"帝都"之称。东汉开国皇帝刘秀发迹于南阳，他的将相臣属亦多出自此处。他们对家乡苦心经营，时称"南都"。南阳有关山之险，民众物饶，交通便利。其郡治宛城（今河南南阳）是著名的交通要冲和工商业繁华的都会，与当时的长安（今陕西西安）、洛阳（今属河南）形成三都鼎足之势。

此区域处于南（阳）襄（阳）盆地，四周山峦环绕。肥沃的冲积平原及大规模兴修的水利工程，为农业发展提供了良好的条件。西汉的召信臣、东汉的杜诗，在任南阳太守期间都兴建过不少水利工程。湖阳的樊氏陂"东西十里，南北五里"[8]。纵横交错的河网和星罗棋布的蓄水陂池等水利工程，促进了农业的发展，使南阳成为富庶之地。

南阳的冶铁业非常发达，自战国时期以来，这里便以制作锋利的铁兵器而著称，至汉代则更是重要的冶铁基地之一。以冶铁为业，发迹于南阳的孔仅在汉武帝时被任命为大农丞。南阳市北关瓦房庄（属汉代宛城内）的一处冶铁遗址规模宏大，也反映了汉代南阳冶铁业水平的高度发展[9]。

据张衡《南都赋》的描述，汉代南阳的物产极为丰富，这为商品经济的发展奠定了物质基础。而当地居民"俗杂好事，业多贾"[10]。

当地众多的低山盛产砂岩石材，亦为画像石的发展提供了良好的物质条件。经济的发展和冶铁业水平的提高，加之当时人们丧葬观念的变化，为此区域画像石的兴起、发展和兴盛提供了条件。

（二）墓葬形制及其画像

1950年以后，南阳地区汉画像石墓考古发掘工作取得了显著成绩，初步搞清了此区汉画像石的分布范围和演化规律。需要特别提到的是南阳汉画馆，该馆是我国第一座专门收藏汉画像石的博物馆，在六十多年的时间里，共收藏汉画像石两千余块，是我国收藏汉画像石最多的博物馆，为南阳汉画像石的保存和研究做出了很大贡献。

南阳、鄂北区画像石墓全为洞室墓，没有发现山东、苏北、皖北、豫东区那样的石椁墓。墓葬的结构较为复杂，既有纯石结构的墓葬，也有砖石混建的墓葬。既有单室墓、前后二室墓，也有前、中、后三室墓。主室之侧有的设有侧室或耳室，有的外绕回廊。室顶有平顶、叠涩顶和砖砌的券顶、穹隆顶等。就其形制的发展而言，有从简单到复杂的演化过程，但在复杂的形制出现之后，简单的形制依然存在。综合分析此区域迄今所见汉画像石墓的资料，并参考已有的研究成果[11]，可将其分为早、中、晚三个阶段。

1. 早期阶段

此期约相当于西汉晚期。单室砖石合建墓有河南唐河湖阳镇墓[12]、邓州梁寨墓[13]，前后室砖石合建墓有南阳赵寨砖瓦厂墓[14]、中建七局机械厂墓[15]，单室石室墓有唐河石灰窑墓[16]、随州唐镇聂家湾墓[17]，回字形石室墓有南阳杨官寺墓[18]。兹举例说明。

唐河湖阳镇墓。该墓墓室、墓底和封门用砖砌筑，墓门和过道的门楣以石材制成。墓道由坡度不同的西、中、东三部分组成，明显是分三次挖成。在西室前有一规整的土坑，内置壶、敦、仓、灶、井等随葬品。墓室长 5.54、宽 5.98、高 2.78 米，由三个并列的券洞构成。中室前部有通向东西两室的过道（图三一，1）。门楣刻连弧纹，门柱和门扉刻菱形纹。

南阳杨官寺墓。该墓全部用石材砌筑，共用石 351 块，其中画像石十四块，画面十四幅。墓室面向东，由前、后室和回廊组成，平顶（图三一，2）。画像主要刻于立柱、门楣和门扉上，壁石只有一幅，采用凿纹地阴线刻和凹面线刻技法。墓门

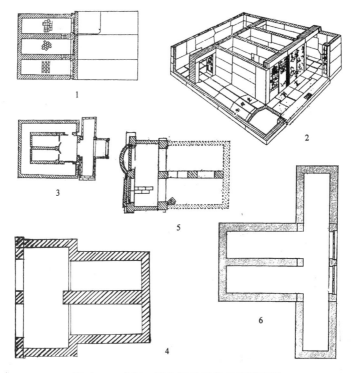

图三一 南阳、鄂北区汉画像石墓平面图

1. 河南唐河湖阳镇墓 2. 河南南阳杨官寺墓 3. 河南唐河湖阳新店冯孺久墓

4. 河南南阳军帐营墓 5. 河南南阳英庄墓 6. 河南南阳石桥墓

中柱正面上部刻一屋和双阙。阙顶各立一鸟，阙两侧刻长青树，阙中部刻士卒，阙下部刻"柏（伯）乐"相马图，下为山峦狩猎图。南立柱北面刻套环、朱雀、执钺门卒、长青树、厅堂、双阙。北立柱南面刻厅堂、双阙、长青树、小兽。墓门门楣正面刻几何纹。后室中立柱正面刻菱形格纹。北后室北门扉正面画像分四层，第一、二、四层刻人物，第三层刻斗兽。北后室南门扉正面画像残存上下两部分，上部为房屋、人物，下部刻行船。河两岸有对称的立柱，两柱之间刻有文字，其意不明。南后室北门扉正面画像仅存上部，刻厅堂、双阙、长青树及抚琴、御龙人物形象。南后室南门扉正面上部刻一楼阁建筑，分四层。其下刻人与熊、牛搏斗，最下部刻一虎。南阁室西门北侧柱侧面刻二层楼，楼侧各有长青树和阙。南室南壁刻树、牛、人物形象。随葬陶器有鼎、敦、壶、盘、长方盒、仓、灶、厕、磨、臼、案、鸡、狗、猪、鸭、牛等。

总起来看，早期阶段画像石墓以唐河最为集中，南阳、邓州和随州等地也有少量发现。其时代较早者为昭宣之时，晚到西汉末年。该区所有画像石墓不是砖石合建墓即是石室墓，且形制富于变化。这似乎从一个侧面显示出此区域洞室墓出现和流行的时间可能早于山东等东部地区。画像石的雕刻技法主要有凿纹地阴线刻、凿纹地凹面线刻，也有凿纹地浅浮雕。画像石上多发现有彩绘痕迹，南阳赵寨砖瓦厂墓施有红、黄、蓝等多种色彩，其余多施红彩。施彩的方法一般为通体平涂。对画像石施彩，为的是使画像更加突出醒目。题材内容由较早的湖阳镇墓的几何纹饰发展到楼阁人物、门吏、拜谒、乐舞百戏、斗兽、伏虎、驯象、二桃杀三士、朱雀铺首衔环、白虎铺首衔环、人物御龙等，反映现实生活的内容占了大部分，历史故事和神鬼祥瑞类图像也有一些。此期画像石楼阁的图案化、人物形象的呆板及画面的简单等诸多特点都显示了它的早期性。

2．中期阶段

此期相当于王莽时期至东汉早期。画像石墓以砖石合建墓为主，其中回字形墓有唐河新店天凤五年（公元 18 年）冯孺久墓[19]、唐河电厂墓[20]，设耳室的前后室墓有南阳草店

墓[21]、南阳王寨墓[22]、南阳石桥墓[23]、方城城关镇墓[24]，
无耳室前后室墓有南阳军帐营墓[25]、南阳英庄墓[26]、南阳英
庄 4 号墓[27]、禹州（原禹县）十里村墓[28]、南阳刘洼村
墓[29]、南阳蒲山 1 号墓[30]、南阳熊营墓[31]、唐河白庄墓[32]、
南阳蒲山 2 号墓[33]、南阳麒麟岗墓[34]，大型砖石合建墓有唐
河针织厂 2 号墓[35]，回字形石室墓有唐河针织厂 1 号墓[36]。
兹举例说明。

　　唐河湖阳新店冯孺久墓。该墓面朝东，由大门、甬道、南
车库、北库房、中大门、前室、后室和回廊组成（图三一，
3）。甬道从前大门到中大门，包括甬道和南车库、北库房。除
各门的门框、门楣和门扉为石质外，其余皆为砖结构。前室从
中大门到后主室，为一近似正方形的院落建筑。除顶部用砖叠
券为覆斗式之外，其余皆为石结构。该墓所用大小石料计 154
块，除墓顶外，多刻有画像。后室和回廊为石结构。后室（主
室）门中柱有题记："郁平大尹冯君孺久始建国天凤五年十月
十柒日癸巳葬，千岁不发。"大门门楣刻二龙穿璧，南北立柱
皆刻执笏门卒，南门扉刻白虎、铺首衔环，北门扉刻朱雀、铺
首衔环。南车库门楣刻羽人、交龙和人物。北库房门东立柱刻
捧盾门卒，西立柱刻执笏门卒。中大门门楣刻二龙穿璧。后室
门扉刻朱雀、铺首衔环，南后室西壁刻蹶张。后室中间的隔墙
由两窗楣、三窗柱和两窗台构成。西窗楣南面刻四首人面虎，
北面刻应龙、游鱼。南阁室门西立柱刻执笏门卒，西门扉刻朱
雀、铺首衔环，东门扉刻白虎、铺首衔环。阁室南壁东下部刻
拜谒图，中下部刻鼓舞、熊和蹶张，西下部刻斗兽，中上部刻
拜谒图，西上部刻百戏图（图三二）。阁室南壁东部刻一佩剑
执盾官吏，中下部刻门阙、厅堂、人物，西部下端刻人物执戟

图三二 河南唐河新店冯孺久墓南阁室南壁画像（拓本）

对拜。西阁室西壁北端刻蹶张、人物。北阁室门扉刻白虎、铺
首衔环，东门扉内面刻执笏门卒。阁室北壁西端上部刻百戏
图，中上部和东端上部刻击鼓、拜谒图，中下部刻鼓舞、伏
虎，东端下部刻驯象、人物。除大门外，其余画像的位置安排
似较随便。随葬品中有与题记纪年时代相当的大泉五十和小泉
直一。

南阳石桥墓。墓室平面为 T 字形，由横前室及左右耳室
和双后室组成（图三一，6；图三三）。整个墓除了墓门、后室
门和耳室门的立柱、门楣、门槛、门扉和石梁等构件使用石材
并雕刻有各种画像外，各室的墙壁、券顶和地面均用砖。墓内
共有画像石十七块，刻有画面二十八幅，刻法为凿纹地浅浮
雕。南墓门楣正面刻斗兽图，北墓门楣正面刻角抵戏，两侧立
柱刻执戟卫士，中立柱刻持盾卫士。四扇门扉正面皆刻白虎、
铺首衔环。墓门北侧立柱和中立柱背面刻持剑卫士。北墓门北
扉背面刻执笏门卒，南扉背面刻蹶张，南墓门两扉背面刻执钺
神荼、郁垒。墓门南立柱背面刻菱形套环。南后室门楣正面刻
苍龙追兔，北后室门楣正面刻飞廉追苍龙。南后室南立柱正面
刻双手捧樽侍女，后室门中立柱正面刻袖手侍女，北后室北立

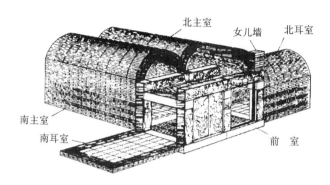

图三三　河南南阳石桥墓透视图

柱正面刻拥彗门卒。南耳室门楣刻鼓舞，北耳室门楣刻乐舞百戏。前室石梁南面刻一虎，北面刻一龙。前室石梁和南北耳室门楣下面均刻有菱形图案。该墓被盗余随葬品中有五铢钱和陶大泉五十。

　　南阳军帐营墓。墓室平面为前室略宽于后室的凸字形，前室和后室皆分为左右两间（图三一，4）。前室为穹隆顶，后室为券顶。整个墓所有门的部位和过梁用石材，并多刻有画像，其余部分一律用砖。墓内共有画像石九块，为凿纹地浅浮雕，在部分画像上，还涂有红白颜色。墓门中立柱正面刻伏羲、女娲（图三四），背面刻执笏和持节的二门卒。左立柱正背面皆刻执戟门卒。右立柱正面刻拥彗门卒，背面刻执戟门卒，上部刻展翅的朱雀。门楣正面刻方相氏、仙人戏虎、仙人戏飞廉、牛虎斗、鼓舞，门楣背面刻乘龙升仙、乘飞廉升仙、仙人戏龙。石梁两侧刻伎乐。前室后中柱正面刻执节和持笏门卒。后室门槛正面左刻二方连续菱格套环，右刻二兽相抵。盗余随葬

图三四 河南南阳军帐营墓
伏羲、女娲画像（拓本）

品中有五铢钱和货泉。

南阳英庄墓。墓室平面为长方形，前室横长，后室纵长，后室分为左右两间（图三一，5）。整个墓所有门的部位和过梁用石材，并刻有画像，其余部分一律用砖，券顶。墓内有画像五十三幅，为凿纹地浅浮雕。其中十三幅为图案花纹，余者内容有庖厨、侍从、武士、乐舞百戏、渔猎、牛车、武库、二桃杀三士、伏羲女娲、仙人戏龙、日轮等。盗余随葬品中有五铢钱和大泉五十。

唐河针织厂2号墓。该墓总体平面呈长方形，由前室、中室加侧室和后室组成。墓门和前室之梁柱用石材，其余部分用砖，券顶。墓内共有画像石十三块，画像二十幅，刻法为凿纹地浅浮雕，题材有门吏、侍仆、乐舞百戏、蹶张、仙人戏龙、重明鸟、白虎铺首衔环、朱雀铺首衔环等。盗余随葬品中有陶制仓、盒、罐、釜、灶、鸡、鸭等。

南阳麒麟岗墓。该墓用石110块，共刻画像155幅，门楣、门柱、门扉、门槛及室内顶、梁、壁上满布各种奇异的画像。在一块石料上，有的刻一幅，有的刻两幅，最多的一块石料上四面都刻有画像，也有用五块或六块石料刻一组画像，最多的用了九块石料，画面之大为此区域画像石墓所仅见。画像内容涉及社会生活、历史故事和神鬼祥瑞等多方面。

中期阶段是此区域汉画像石墓大发展的时期，发现墓葬的数量比早期阶段有明显增多，虽然多是砖石合建墓，墓室规模多属中型墓葬，平面布局却极富变化。由于石材主要用于门和过梁部位，遂形成了画像皆在这些位置的特点。题材内容多是车骑出行、门吏、侍仆、乐舞百戏、阉牛、斗兽、仙人戏龙、青龙铺首衔环、朱雀铺首衔环、白虎铺首衔环、日月星宿等。雕刻技法以凿纹地浅浮雕为主，个别部位用阴线刻和透雕技法表现。从唐河新店郁平大尹冯孺久墓的发现可知，大约在王莽时期前后，画像石墓已为二千石的官员所使用。换言之，使用画像石的人的身份和社会地位比西汉晚期有所提高。这就为画像石墓的进一步发展创造了有利条件。涂彩现象依然存在，唐河电厂墓施彩别致，仅用红笔勾画出边线和斑纹，如铺首的眼、耳、环和猛虎的口、眼、耳、躯体等。南阳石桥墓墓门正面的画像上，绘有朱红、紫红、粉红、土黄和黑色五种矿物质颜色，使形象显得更为突出。如门楣上的神兽，通体涂土黄色，并用黑色绘豹纹。两个象人，一个穿土黄襦，一个着紫红衣，领口和衣襟、袖头均绘一宽一窄两条线的边饰。两侧柱及中柱上的门吏的头冠被涂成朱色，门扉上的铺首则涂以粉红色。这种在画像石刻上加绘多种矿物质颜料的做法是较罕见的。中期阶段的画像石比早期阶段内容更加丰富，形象更生动活泼，线条亦更流畅。

3. 晚期阶段

此期相当于东汉中、晚期。画像石墓以砖石合建墓为主，石结构者少见。砖石合建墓中回字形者有河南方城东关墓[37]，带耳室的前后室墓有河南邓州长冢店墓[38]、桐柏杨庙墓[39]和湖北当阳刘家冢子1号墓和2号墓[40]，无耳室前后室墓有方城党庄墓[41]、当阳郑家大坡墓[42]，多室墓有襄城茨沟永建七年（公元132年）墓[43]、新野前高庙村墓[44]。石室墓有多室的南阳中原机械学校墓[45]。兹举例说明。

方城东关墓。双室左右并列，周围有回廊，长7.1、宽7.8米（图三五，1）。石材用于墓门部位，其余用砖，顶不明。墓内共有画像石九块，画面十三幅，刻法为凿纹地浅浮雕。门楣右段正面上层刻阉牛、斗龙，下层刻斗兽。门楣左段正面上层刻龙虎，下层刻二龙穿璧。门中立柱刻双层阙。北门北扉正面刻羽人饲凤、铺首衔环、白虎，背面刻执戟卫士。北门南扉正面刻朱雀、铺首衔环和武士，背面刻执盾卫士。南门北扉正面刻朱雀、铺首衔环和白虎，背面刻蹴鞠舞。南门南扉正面刻朱雀和豹，背面刻鼓舞。

当阳刘家冢子2号墓。为带耳室的前后室墓，前室前有甬道，左右有耳室，后室门有中立柱以示后室为两间（图三五，2）。石材用于门上，其余用砖，穹隆顶。墓内共有画像石十四块，画面十三幅，刻法为凿纹地浅浮雕。墓门门楣刻龙虎相对，北立柱刻拥彗门卒，南立柱刻执笏门卒。后室门楣刻龙虎相对，北立柱刻拥彗门卒，中立柱刻执盾门卒，南立柱刻执笏门卒。北耳室门楣刻龙虎相对，东立柱刻立龙，西立柱刻蹶张射虎。南耳室门楣刻双鸟衔鱼，东立柱刻人身兽爪神怪，西立柱刻门卒。

襄城茨沟墓。该墓长11.6、宽9.22米。由七个墓室组成，墓道、甬道、前室、中室和后室在一条中轴线上，前室左右和中室左右都设有耳室，左侧两耳室前后相通（图三五，3）。石材

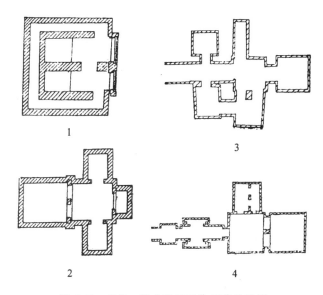

图三五 南阳、鄂北区汉画像石墓平面图

1. 河南方城东关墓 2. 湖北当阳刘家冢子 2 号墓 3. 河南襄城茨沟永建七年
（公元 132 年）墓 4. 河南南阳中原机械学校墓

用于主室门和前室左耳室门，其余用砖。前室为券顶，中室和
后室为穹隆顶。该墓中室北壁朱书"永建七年正月十四日造砖
工张伯和，□石工褚置"纪年铭。墓内共有画像石五块，画面
六幅，刻法为凿纹地浅浮雕。墓门门楣刻二龙穿璧。左前室门
楣刻龙、虎、熊形象。中室门楣一面刻二龙穿璧和鱼，一面刻
虎、鹿、象和仙人挽龙尾。后室藻井内刻有月亮、蟾蜍。

　　南阳中原机械学校墓。该墓全长 10.9 米，属纯石结构，
仅用砖铺地。墓室由甬道、前室和左右耳室、中室和右侧室、
双间后室组成（图三五，4），中室和后室为叠涩顶，其余各室
为平顶。墓内共有画像石十块，画面十幅，刻法为凿纹地浅浮

雕。题材有门吏、乐舞百戏、逐疫、辟邪、菱形穿环纹等。不仅数量少，内容也十分简单。

晚期阶段的画像石墓中有两座有纪年。一座是当阳刘家冢子墓，为和帝永元六年（公元 94 年）。一座是襄城茨沟墓，为顺帝永建七年（公元 132 年）。两墓年代皆属于东汉中期，说明此期墓葬中的较早者可到和帝时期。南阳李相公庄发现的建宁三年（公元 170 年）许阿瞿题记画像石[46]则表明，到东汉晚期，画像石依然存在。通过比较可以看出，晚期的画像石在一些地方出现衰退现象，其表现是一些大型墓葬中画像石数量并不多，如襄城茨沟墓和中原机械学校墓。尤其是后者，作为纯石结构的画像石墓只有十块画像石，其中还包括刻有菱形穿璧纹的画像石。该墓中有三块画像石的位置明显不正常，鼓舞图被作为盖顶石使用，且画像底边的画面部分在建墓时为了合缝被凿掉；按照南阳画像石的布局规律，逐疫辟邪画像一般安排在门楣上，而在该墓中，则只是画像的一部分，而且被作为侧室过梁，显然不是为该墓专门设计的。另一方面大量的画像石画面内容趋于简单，花纹石的数量增多。因此，人们普遍认为南阳画像石从东汉中期以后就渐渐衰落下来，到了黄巾起义后的东汉末年，画像石便销声匿迹了。

综观南阳、鄂北区画像石，其产生的时间大约在西汉中晚期，至东汉早期已趋繁盛，到东汉晚期逐渐衰落，黄巾起义之后一蹶不振。画像石全部出自墓葬，分布地点相对集中，发现数量众多，形制富于变化。雕刻技法以凿纹地浅浮雕为主，少部分有剔地浅浮雕、凿纹地阴线刻、凿纹地凹面线刻和透雕。凿纹地浅浮雕作品，横长幅画面多施竖线凿纹，竖长幅画面多施横线凿纹。题材除个别反映农耕生产的图像外，不见其他有关生产内容的画像，历史故事也相对较少。神鬼祥瑞类内容较多，其中与天象相关的内容尤为丰富，且多以云气纹填白。该区的汉画像石画面简洁疏朗，主题突出，在东汉早期即形成了相对规范的布局和固定的地域性风格。那种不加修饰、大刀阔斧的雕刻手法，显示了其生动的形象及粗犷豪放、气势雄浑的风格，众多姿态各异的奇禽异兽在其中表现得尤为突出。门楣上多刻祥禽瑞兽和乐舞百戏，门扇上刻朱雀、白虎和铺首衔环，门柱上刻门吏、仙人。边饰很简单，多为线条、三角或垂帐等几何纹。边饰带较窄，所占面积很小。纯用花纹组成的图案也较简单，多由几何纹组成。由于该区域画像石较早达到成熟状态，对周边地区的影响也是很明显的。

注　释

[1] 河南省文化局文物工作队《河南南阳东关晋墓》，《考古》1963 年第 1 期。

[2] 南阳市博物馆《南阳市建材试验厂汉画像石墓》，《中原文物》1985 年第 3期。

[3] 南阳市博物馆《南阳市王庄汉画像石墓》，《中原文物》1985 年第 3 期。

[4] 南阳市博物馆《南阳市独山西坡汉画像石墓》，《中原文物》1985 年第 3 期。

[5] 南阳地区文物工作队、南阳县文化馆《河南南阳县十里铺画像石墓》，《文物》1986 年第 4 期。

[6] 南阳市文物工作队《南阳市药材市场画像石墓发掘简报》，《中原文物》1994年第 1 期。

[7] 南阳市文物工作队《南阳市邢营画像石墓发掘报告》，《中原文物》1996 年第 1 期。

[8] 郦道元《水经注》卷三十一，第 997 页，王国维校注本，上海人民出版社1984 年版。

[9] 河南省文物研究所《南阳北关瓦房庄汉代冶铁遗址发掘报告》，《华夏考古》

1991 年第 1 期。

[10]《史记·货殖列传》卷一百二十九，第 3269 页，中华书局 1982 年标点本。

[11] 南阳汉代画像石编辑委员会《南阳汉代画像石》，文物出版社 1985 年版；赵成甫《南阳汉画像石墓分期管见》，《汉画像石研究》，第 12～31 页，文物出版社 1987 年版；米如田《汉画像石墓分区初探》，《中原文物》1988 年第 2 期；信立祥《汉画像石的分区与分期研究》，《考古类型学的理论与实践》第 234～306 页，文物出版社 1989 年版；罗伟先《汉代画像石墓葬形制的初步研究》，罗开玉、罗伟先编《华西考古研究》（一），第 64～136 页，成都出版社 1991 年版。

[12] 南阳地区文物工作队、唐河县文化馆《唐河县湖阳镇汉画像石墓清理简报》，《中原文物》1985 年第 3 期。

[13] 南阳地区文物研究所《河南省邓州市梁寨汉画像石墓》，《中原文物》1996 年第 3 期。

[14] 南阳市博物馆《南阳县赵寨砖瓦厂汉画像石墓》，《中原文物》1982 年第 1 期。

[15] 南阳市文物研究所《南阳中建七局机械厂汉画像石墓》，《中原文物》1997 年第 4 期。

[16] 南阳地区文物队赵成甫、张逢酉，唐河县文化馆平春照《河南唐河县石灰窑村画像石墓》，《文物》1982 年第 5 期。

[17] 湖北省文物管理委员会《湖北随县唐镇汉魏墓清理》，《考古》1966 年第 2 期。

[18] 河南省文化局文物工作队《河南南阳杨官寺汉代画像石墓发掘报告》，《考古学报》1963 年第 1 期。

[19] 南阳地区文物队、南阳博物馆《唐河汉郁平大尹冯君孺人画像石墓》，《考古学报》1980 年第 2 期。

[20]《南阳汉画像石》编委会《唐河电厂汉画像石墓》，《中原文物》1982 年第 1 期。

[21] 孙文青《南阳汉画像汇存》，金陵大学文化研究所（上海）1937 年版。

[22] 南阳市博物馆《南阳县王寨汉画像石墓》，《中原文物》1982 年第 1 期。

[23] 南阳博物馆《河南南阳石桥汉画像石墓》，《考古与文物》1982 年第 1 期。

[24] 南阳地区文物工作队、方城县文化馆《河南方城县城关镇汉画像石墓》，《文物》1984 年第 3 期。

[25] 南阳博物馆《河南南阳军帐营汉画像石墓》，《考古与文物》1982 年第 1 期。

［26］南阳市博物馆《河南南阳英庄汉画像石墓》，《中原文物》1983年第3期。

［27］南阳地区文物工作队、南阳县文化馆《河南南阳县英庄汉画像石墓》，《文物》1984年第3期。

［28］河南省文物研究所《禹县东十里村汉画像石墓发掘简报》，《中原文物》1985年第3期。

［29］南阳市文物队《南阳市刘洼村汉画像石墓》，《中原文物》1991年第3期。

［30］南阳地区文物研究所《河南南阳县蒲山汉墓的发掘》，《华夏考古》1991年第4期。

［31］南阳市文物研究所《河南省南阳县辛店乡熊营画像石墓》，《中原文物》1996年第3期。

［32］南阳市文物研究所、唐河县文化馆《河南唐河白庄汉画像石墓》，《中原文物》1997年第4期。

［33］南阳市文物研究所《河南南阳蒲山二号汉画像石墓》，《中原文物》1997年第4期。

［34］南阳汉画馆《南阳汉代画像石墓》，河南美术出版社1998年版。

［35］南阳地区文物工作队、唐河县文化馆《唐河县针织厂二号汉画像石墓》，《中原文物》1985年第3期。

［36］周到、李京华《唐河针织厂汉画像石墓的发掘》，《文物》1973年第6期。

［37］南阳市博物馆、方城县文化馆《河南方城东关汉画像石墓》，《文物》1980年第3期。

［38］《南阳汉代画像石》编委会《邓县长冢店汉画像石墓》，《中原文物》1982年第1期。

［39］南阳市文物研究所《桐柏县安棚画像石墓》，《中原文物》1996年第3期。

［40］沈宜扬《湖北当阳刘家冢子东汉画像石墓发掘简报》，《文物资料丛刊》1977年第1期。墓地发现有永元六年（公元94年）模印纪年砖，见信立祥《汉画像石的分区与分期研究》，《考古类型学的理论与实践》，第234～306页，260页注文，文物出版社1989年版。

［41］南阳地区文物队《方城党庄汉画像石墓——兼论南阳汉画像石墓的衰亡问题》，《中原文物》1986年第2期。

［42］卢德佩《湖北当阳市郑家大坡东汉画像石墓》，《考古》1999年第1期。

［43］河南省文化局文物工作队《河南襄城茨沟汉画像石墓》，《考古学报》1964年第1期。

［44］南阳地区文物工作队、新野县文化馆《新野县前高庙村汉画像石墓》，《中原

文物》1985 年第 3 期。

[45] 南阳汉代画像石编辑委员会《南阳汉代画像石》，文物出版社 1985 年版。

[46] 南阳市博物馆《南阳发现东汉许阿瞿墓志画像石》，《文物》1974 年第 8 期。

七　陕北、晋西北区汉画像石

（一）历史概况

陕北与晋西北地区，在秦汉时期属上郡和西河郡的辖区，而就主要分布在黄河两岸的陕北与晋西北汉画像石地域看，又大抵在汉代西河郡的范围内。其地处秦、汉帝国的北部边陲，大致以长城为界，素为汉与匈奴等民族相邻与杂居之地，经济、文化的发展程度，自不能和中原腹地等其他地区相比。但这里是汉帝国抵御匈奴南侵和拱卫关中京畿的军事要地，也是通往北方边塞的交通要冲。秦始皇统一后，大力经营此地，并派大将蒙恬率大军驻扎。秦皇、汉武多次出巡北方都曾经由此地。为解决驻军的粮饷，自西汉以来，便实行戍边军队屯田的政策。除军屯外，还实行民屯。至东汉仍继续实行这一政策。在光武、明帝、章帝、和帝时，曾多次大规模由内地移民实边，并制定了种种徙边的优惠政策。如明帝永平八年（公元65年），"募郡国中都官死罪系囚，减罪一等，勿笞，诣度辽将军营，屯朔方、五原之边县，妻、子自随便占著边县，父母同产欲相代者，恣听之。……凡徙者，赐弓弩衣粮。"[1] 故在边防力量日益强大的同时，边郡屯田也不断扩大。

多年的大量驻军和移民实边，不仅为这一地区的农业开发提供了丰富的劳动力资源，而且也从内地带来了先进的农业、手工业生产技术和诸多的文化信息，有力地促进了当地经济和文化的发展。东汉时期，尤其在顺帝永和五年（公元 140 年）以前，此地成为农牧业经济发达的地区，"沃野千里，谷稼殷积"，"水草丰美，土宜产牧，牛马衔尾，群羊塞道"[2]。与此同时，和塞外匈奴等民族的贸易往来，促进了当地工商业发展，使之成为中外交通和贸易往来的边防重地。社会经济的发展为这一地区画像石墓的产生创造了条件。这从此区出土的有纪年铭的画像石墓的墓主人有许多是中下级官吏和一些没有官职的富豪便可得到证明。

陕北与晋西北一带，盛产一种页岩的砂石，易于开采。至今陕北榆林地区，当地群众还喜欢用这种石头刻制带有精美花纹图案的门饰或生活用具。加之，当地已拥有从内地传来的技术条件，为汉画像石的开采、制作提供了方便。

从上述历史情况可知，此区域汉画像石的产生和发展与当时的政治、经济形势有密切关系。大致在东汉早中期，汉画像石在陕北地区便开始发展起来。由于北方匈奴势力的南下和东汉帝国边防力量的衰弱，到顺帝永和五年，西河郡治由原在长城以北的平定（今内蒙古准格尔旗）南迁至离石（今属山西），上郡治所由肤施（今陕西榆林南）南迁至夏阳（今陕西韩城）[3]。原来的上郡和西河郡北部即今陕北一带，成为南北逐鹿的战场，并逐渐为匈奴势力所控制。这种历史的变化显然也影响到这一地区汉画像石的分布，从而陕北汉画像石的制作年代往往早于山西离石的汉画像石。

（二）墓葬形制及其画像

这个地区的汉画像石早在 20 世纪初就有零星发现，如

1919 年在山西离石出土的东汉和平元年（公元 150 年）左元异墓画像石[4]，以及由《艺林月刊》披露的在陕北出土的"故雁门阴馆函西河圜阳郭仲理"墓画像石等。但在 50 年代以前，总体来说，对这个地区的汉画像石所知甚少。50 年代以后，随着陕北绥德、米脂等地汉画像石墓的发现和零散画像石的收集，出版了《陕北东汉画像石刻选集》。该书除著录图像外，还首次对陕北画像石的分布和画像内容、雕刻技法、艺术风格等作了论述[5]。70 年代以后，考古发掘工作进一步开展。在陕北与晋西北地区，相继发掘了一大批汉画像石墓，使这一区域的画像石以更为完整的面貌呈现在人们面前。与此同时，随着汉画像石的大量发现，也加深了人们对当地汉画像石的认识，并由此展开了对此区域汉画像石的分布与分期等问题的综合性研究[6]。

根据目前的发现，此区域的汉画像石全部出自墓葬。其主要资料为陕北地区有绥德快华岭 1 号墓、4 号墓和保育小学王得元墓[7]，米脂官庄五座画像石墓[8]，绥德延家岔 1、2 号墓[9]，绥德苏家圪坨画像石墓[10]，绥德黄家塔 1、2、3、4（使者持节护乌桓校尉王威）、6（王圣序）、7（辽东太守左官）9、11、12 号画像石墓[11]，绥德辛店画像石墓[12]，神木柳巷村画像石墓等[13]；晋西北地区除左元异墓外，主要是离石马茂庄两次发掘的 2 至 4 号墓和 14、19、44 号墓[14]，以及离石吴执墓、下下水村、中阳道棠村沐叔孙墓[15]。另外，还发现大量零散画像石[16]。

陕北、晋西北的汉画像石墓主要是一种砖石混合结构，即墓门、后室门或耳室门等部位，用规整的大块石材构筑，室壁和室顶则用砖砌筑。陕北地区的画像石墓，虽然有许多是纯石结构的，但其室壁和室顶也是由加工成长方形砖状的石块砌筑而成，实际上是一种模仿砖石混合结构的墓葬。墓葬的形制主要有两种。一种是单室券顶或穹隆顶墓，有的在墓门外附有耳室。如陕北绥德黄家塔 11 号墓，形制为长方形单室券顶，长3.46、宽1.16米，墓室均用砖形石块砌成，墓门由五块画像石构成。山西离石马茂庄 14 号墓，为单室穹隆顶墓，长3.48、宽3.08米，前有甬道，门外一侧有耳室（图三六，1）。

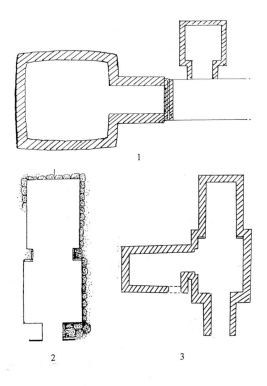

图三六　陕北、晋西北区汉画像石墓平面图

1. 山西离石马茂庄 14 号墓　2. 陕西绥德苏家圪坨墓　3. 山西离石马茂庄 3 号墓

仅墓门为石材构筑，其余全部用砖砌成。另一种是前后双室券顶或穹隆顶墓，一般是前室穹隆顶，后室券顶，也有前后室皆为穹隆顶的，较复杂的双室墓前室两侧设有耳室。这两种形制的墓，以前后双室墓较普遍。如陕西绥德苏家圪坨墓，形制为前后双室墓（图三六，2）。前室平面为方形，边长 2.7 米，穹隆顶。后室呈长方形，宽 2.4、进深 3.1 米，券顶。墓门和后室过洞门皆由规整的大石材构筑，室壁皆用长约 30 厘米的小石块错缝平砌。山西离石马茂庄 3 号墓，是一前室附有耳室的前后双室墓（图三六，3），长 8.45、宽 6.65 米。前室平面近方形，顶部塌毁。后室平面为长方形，券顶。墓门及前室前后壁的门道用石材构筑，其余室壁与室顶为砖砌。陕西米脂官庄永初元年（公元 107 年）牛文明墓，前后两室平面均系方形，穹隆顶。陕北、晋西北地区所流行的砖石混合结构和仿砖石混合的画像石墓墓室结构的特点，决定了其画像石的配置规律，即全部画像石都分布在墓门、后室门或耳室门的门楣、门柱和门扉部位。一般在门楣上刻画有车马出行、祭祀、狩猎、神灵异兽等图像，门柱上刻有东王公、西王母、门吏、奇禽异兽等图像，而门扉上则多刻有朱雀和铺首衔环等。

依据目前的资料，这一区域的汉画像石可分为前后两期。其在墓葬形制结构上无大的差别，但在分布地区性上却有明显变化。大致说，陕北地区的汉画像石几乎全部属于前期作品。从有纪年铭的画像石看，最早的是永元二年（公元 90 年）"辽东太守左官"墓（黄家塔 7 号墓）画像石[17]，最晚的是永和四年（公元 139 年）河内山阳尉牛季平墓画像石[18]。由此可推断，陕北汉画像石的兴盛年代，大致在东汉和帝至顺帝永和五年（公元 140 年）西河郡治南迁至离石以前的时期，也就是相当于一般汉画像石分期中所说的东汉中期。但在陕北的零散汉画像石中，也有属于东汉早期的作品，如绥德出土的门柱、门扉画像，图像简单，粗阴线刻。而晋西北地区的汉画像石又几乎全部是后期作品。有纪年铭的画像石最早的是东汉和平元年（公元150年）左元异墓画像石，最晚的是熹平四年（公元175年）"西河圜阳守令平周牛公产"墓（离石马茂庄14号墓）画像石。由此可知，晋西北地区的汉画像石，是在顺帝永和五年西河郡治迁离石以后发展起来的，时间相当于东汉晚期或延至东汉末年。由于晋西北地区的汉画像石分布和存在时间相对较集中，因而在画像石的题材内容、雕刻技法与风格等方面，表现出更加接近的面貌特征。

陕北、晋西北地区汉画像石的雕刻技法，主要为剔地平面刻和剔地平面线刻两种。在剔地平面刻的技法中，又分作深剔地和浅剔地。阴线刻的雕刻技法较为少见，没有发展成当地的特色。剔地平面线刻，是在平面凸起的物象内用阴线刻画细部，但繁简不一，有的只略加表示，如铺首衔环的眉、眼、鼻，人物的袖、裙及马鞍等，也有少数禽兽如朱雀、白虎等身上的花纹刻画较细。此类雕刻技法表现较完备的如绥德四十铺的一组墓门画像石（图三七），但整体说来，这种雕刻技法不占主流。陕北地区汉画像石主要流行深剔地平面刻法。这种刻法是在磨光的石面上先用墨线勾勒出画稿，然后把图像外的石面剔去一层，使图像呈平面凸起，再在其上加施彩绘。这种刻法一般剔地较深，有的深度达2厘米。由于这种平面凸起的图像缺少细部雕刻，所以拓片效果有如剪影。其物象的整体轮廓格外明快醒目，在汉画像石中颇具特色。浅剔地平面刻的刻法，在陕北地区产生时间较晚的画像石上开始流行。晋西北地

图三七　陕西绥德四十铺墓门画像（拓本）

区画像石主要采用浅剔地平面刻技法，如山西离石马茂庄多次出土的画像石均属此类。这种刻法只将图像外的石面剔去极薄的一层，和山东沂南北寨墓画像石的减地平面线刻的铲地之法极为相似，但这种画像的细部是用流畅飘逸的墨绘线条表现的，又显示出此区域汉画像石雕刻技法的传统特色。在呈平面凸起的图像上施墨线、彩绘的手法，形成了陕北、晋西北地区汉画像石独特的艺术风格。

　　陕北、晋西北地区汉画像石在题材内容方面，由于砖石砌筑的墓室结构的局限，在墓室顶部没有像山东、苏北和河南南阳那种刻画日月星辰、风雨雷电等天上诸神世界的画像。另外，宣扬儒家伦理道德的历史故事画像也较少见，说明历史故事题材的画像，在这一区域汉画像石流行中不占重要地位。

总体来看，此区域的汉画像石题材涉及从仙人世界到现实社会生活的诸多领域，内容既丰富又具地方特色。在此区的汉画像石墓中，左右门柱上部几乎毫无例外地刻有西王母和东王公图像，周围有仙人、奇禽异兽陪伴，还有仙禾神树和捣制不死药的玉兔、蟾蜍。这种神仙题材的画像内容，到后期晋西北地区汉画像石中更有进一步的丰富和发展。如离石马茂庄 3 号墓画像石，描绘升仙内容的画像更加充盈和突出。在该墓后室门的两侧门框上，上部刻有乘坐驾神兽云车的主人，并有众多骑神兽、仙鸟、执幡持节和御龙的仙人为导引、随从，下部刻画的不是那传统的拥彗、执盾的门吏，而是牛首与鸟首人身的护卫神。整个画面呈现出神秘而又欢快的气氛（图三八）。表现社会生活题材的画像，常见的有车骑出行、楼阁人物、庖厨、乐舞、农耕、狩猎、放牧等，其中最具特色的是描绘的当地农牧业生产和狩猎活动的画像，真实地反映了汉代西河、上郡一带农牧兼营的经济特点。陕北画像石有关牛耕的画像就有五六幅之多，如绥德王得元墓的牛耕图是一牛牵短辕犁，米脂官庄 4 号墓的牛耕图是二牛抬杠。绥德四十铺出土的牛耕图，在扶犁扬鞭的耕者之后，还有一小儿提袋点播，显然是春耕播种的情景。在牛耕图的上下，往往还刻有禾稼图。那整齐粗壮的禾秆和沉甸下垂的谷穗，又是一年丰收的写照。另外，在绥德贺家湾和米脂镇子湾等地的画像石中，还有拾马粪积肥的画像。绥德四十铺一门楣画像，上刻体肥力壮相斗的公牛，雌雄成对的鸡，跳跃嬉戏的羔羊，昂首远望和低头食草的鹿，还有人骑着已备好鞍鞯的英姿勃勃的马，呈现出一幅六畜兴旺的牧

图三八 山西离石马茂庄3号墓前室东壁右边框画像
（左拓本、右摹本）

场景象[19]。那挤牛、羊奶及鸡交尾和狐交配等画像，可谓草
原牧场风情的写照。射猎画像是陕北地区画像石常见的内容，
而且都刻画得生动紧张、场面壮观。在米脂出土的一门楣狩猎
图上，刻人马鸟兽六十余个，执旌者、拥弓者、射箭者、挥戟
者，个个骁勇强悍，追击杀戮，往返阻截，鸟惊飞、兽逃奔的
紧张围猎场面跃然眼前。这种射猎活动画像之所以表现突出，

和上郡、西河地区"迫近戎狄，修习战备，高上气力，以射猎为先"的尚武风气密切相关[20]。

陕北、晋西北地区的汉画像石，在内容和构图的表现上还有一个突出的特点，就是有着极为明显和突出的装饰纹带。在门楣、门柱等主体图像的外侧，多饰以二方连续的蔓草状云纹饰带，并有许多飞腾的奇禽异兽穿插其间，更使这种蔓草状云纹富于变化。陕北画像石这种花纹边饰不仅使用广泛，而且在画面中所占面积也较大。后期晋西北地区画像石，这种花纹带所占面积有所减小，而蔓草状云纹也变化为动感极强的轻灵飘逸的流云纹。这种富于变化和装饰的花纹带，更突出了那种神秘仙境的画面气氛。

陕北、晋西北地区的汉画像石，既带有统一的时代特征，又具有鲜明的地域风格，是反映东汉时期当地社会生活的一幅生动的历史画卷。其题材内容突出地表现了当地的历史环境和农牧兼营的经济特点，画像雕刻与表现手法又反映了地处边陲的粗犷风格和艺术特色。在全国范围的汉画像石中，是一个独立的区域，并闪耀出自身的异彩。

注　释

[1]《后汉书·明帝纪》卷二，第 111 页，中华书局 1965 年点校本。

[2]《后汉书·西羌传》卷八十七，第 2893 页，中华书局 1965 年点校本。

[3] 永和五年"丁亥，徙西河郡居离石，上郡居夏阳，朔方居五原"。见《后汉书·顺帝纪》卷六，第 270 页，中华书局 1965 年点校本。

[4] 梁宗和《山西离石县的汉代画像石》，《文物参考资料》1958 年第 4 期；谢国桢《跋汉左元异墓石陶片拓本》，《文物》1979 年第 11 期；高维德《左元

异墓汉画像石浅析》，《汉代画像石研究》，第 270～279 页，文物出版社 1987 年版。

［5］陕西省博物馆、陕西省文物管理委员会《陕北东汉画像石刻选集》，文物出版社 1959 年版。

［6］戴应新《陕北东汉画像石刻考》，《人文杂志》1980 年第 2 期；宋银秀《陕北出土东汉画像石》，《人文杂志》1982 年第 4 期；陈孟东《陕北东汉画像石题材综述》，《文博》1987 年第 4 期；康兰英《画像石所反映的上郡狩猎活动》，《文博》1986 年第 3 期；龚森浩《山西汉画像石初探》，《美术耕耘》1986 年第 1 期；信立祥《汉画像石的分区与分期研究》，《考古类型学的理论与实践》，第 234～306 页，文物出版社 1989 年版。

［7］同［5］。

［8］陕西省博物馆、陕西省文物管理委员会《米脂汉画像石墓发掘简报》（1～4 号墓），《文物》1972 年第 3 期；吴兰、学勇《陕西米脂县官庄东汉画像石墓》，《考古》1987 年第 11 期。

［9］戴应新、李仲煊《陕西绥德延家岔东汉画像石墓》，《考古》1983 年第 3 期；李林《陕西绥德延家岔 2 号画像石墓》，《考古》1990 年第 2 期。

［10］绥德县博物馆《陕西绥德汉画像石墓》，《文物》1983 年第 5 期。

［11］绥德县博物馆《陕西绥德发现汉画像石墓》，《考古》1986 年第 1 期。该文报道了 1～3 号墓，其中又提到使者持节护乌桓校尉王威墓（4 号墓）和辽东太守王君墓（7 号墓）；戴应新、魏遂志《陕西绥德黄家塔东汉画像石墓群发掘简报》，《考古与文物》1988 年第 5、6 期合刊。

［12］吴兰、志安《绥德辛店发现的两座画像石墓》，《考古与文物》1993 年第 1 期。

［13］吴兰、帮福、康兰英《陕西神木柳泉村汉画像石墓》，《中原文物》1986 年第 1 期。

［14］山西省考古研究所、吕梁地区文物工作室、离石县文物管理所《山西离石马茂庄东汉画像石墓》，《文物》1992 年第 4 期；《山西离石再次发现东汉画像石》，《文物》1996 年第 4 期。

［15］杨绍舜《吕梁地区近年来发现的汉画像石概述》（打印本），引自信立祥《汉画像石的分区与分期研究》一文，第 285 页、第 304 页，注释第 135～137 条，《考古类型学的理论与实践》，文物出版社 1989 年版。

［16］李林、康兰英、赵力光《陕北汉代画像石》，陕西人民出版社 1995 年版。

［17］同［16］，第 119 页。

［18］同［16］，第 53 页。

［19］同［16］，图 327。

［20］《汉书·地理志》卷二十八，第 1644 页，中华书局 1962 年点校本。

八 四川、滇北区汉画像石

（一）历史概况

四川地区古称巴蜀，自杜宇氏教民务农，开明氏初兴水利，特别是秦并巴蜀以后，中原文化大量传播到四川和云南等地区，促进了这一地区的繁荣。蜀守李冰兴修水利，"百姓飨其利。至于所过，往往引其水益用溉田畴之渠，以万亿计"[1]。《华阳国志·蜀志》称李冰治理岷江，"溉灌三郡，开稻田，于是蜀沃野千里，号为陆海。旱则引水浸润，雨则杜塞水门。故记曰：水旱从人，不知饥馑，时无荒年，天下谓之天府也"。四川出土画像砖上的水田劳作图像和汉墓中出土的水田模型，也从一个侧面反映了当时四川地区农业发展的情况。《华阳国志》还盛赞巴蜀物产丰富，是全国最富庶的地区之一。《后汉书·第五伦传》记："蜀都肥饶，人吏富实，掾史家赀多至千万，皆鲜车怒马，以财货自达。"在手工业方面，汉代的成都是有名的商业、手工业中心，蜀锦非常著名，因之设官管理，故又名锦官城。成都曾家包汉墓画像石上的纺织图，正是当时纺织业发达的表现。四川的漆器制造业也很发达，考古发掘和传世漆器中有大量的铭记明示其产于四川。文献记载和汉画像砖上的图像都表明当时四川的井盐业十分发达，采卤制盐技术相当高超，并且已能使用天然气煮盐，大大提高了盐的产量。农业和手工业的发展，为商业的繁荣奠定了基础。成都是汉代五大都市之一。汉画像砖上的市井图像则形象地表现了当时商业繁荣的景象。而易于开凿的砂岩，又为当时人开凿崖墓及凿石造墓、造棺、建阙提供了便利的自然条件。这些经济和自然条件，加上与画像石产生和发展相适应的思想，就成为当地汉画像石产生和流行的有利条件。

（二）洞室墓、崖墓、石棺、石阙及其画像

四川、滇北区画像石的存在形式有洞室墓、崖墓、石棺和石阙等。其中画像石棺数量最多，画像题材内容也精彩丰富。而洞室墓数量较少，除成都曾家包两座墓画像内容较丰富外，其余墓葬画像都较简单。崖墓和石阙虽然数量不少，但其上的画像普遍较简单。由于此区域很多画像石还未经详细报道，特别是崖墓中的画像，到目前仍然没有见到系统的调查资料问世。除少数崖墓、石棺和石阙有纪年外，极少有其他遗物与画像石共存。再加上这是较晚兴起的一个画像石区域，目前所见画像石，除个别可能早到东汉早期外，绝大多数是东汉晚期至蜀汉的作品。因此，现在要对此区域画像石分期还较困难，故本书只作简要介绍。

1. 洞室墓

此区域发现的画像石洞室墓的数量很少，已经见诸报道的前后室砖石合建墓有四川成都扬子山 1 号墓[2]、成都曾家包 1 号墓和 2 号墓[3]。其中，扬子山 1 号墓和曾家包 2 号墓为画像石与画像砖合建墓，颇有地域特点。大型石室墓有重庆江北龙溪乡墓[4]、合川濮湖墓[5]。兹举例说明。

成都扬子山 1 号墓。该墓平面呈长方形，全长 13.84 米。

由甬道、前室和后室组成，券顶（图三九，1）。画像石砌于前
室两壁，画像砖砌于甬道和前室壁上。墓内画像石数量不明，
刻法为凿纹地浅浮雕，题材有车骑出行、乐舞百戏、宴饮等反
映现实生活的内容。画像砖的题材有门亭长、骑吹、双阙、收
割、井盐等。

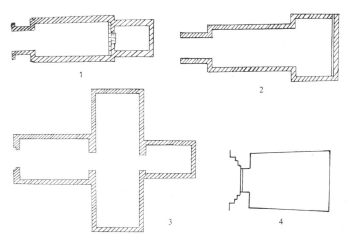

图三九　四川、滇北区汉画像石墓平面图

1.四川成都扬子山1号墓　2.四川成都曾家包1号墓　3.重庆合川濮湖墓
4.四川长宁保民1号墓

成都曾家包1号墓。该墓平面呈凸字形，由甬道、前室和
后室组成（图三九，2），全长11.8、宽4、高3.2米，石材用
于门和后室后壁，其余用砖，券顶。墓内共有画像石四块，画
面四幅，刻法为浅浮雕，题材有门吏、侍仆、狩猎、兵器架、
纺织、酿酒、养老、水田、朱雀等。曾家包2号墓墓室结构与
1号墓相同，但画像石只用于门。甬道和前室两壁嵌有二十块
画像砖。甬道东壁近墓门处为日月图，西壁为阙图。前室东壁

为车骑出行、宴饮、乐舞百戏、庭院、盐场，西壁为凤阙、市井、帷车、宴集、弋射收获、辎车、庭院、拜谒、盐场。画像砖所处位置左右对称，非常醒目。两墓盗余随葬品中有大泉五十、五铢、剪轮五铢、陶俑、青瓷罐、碗等。

合川濮湖墓。该墓中室横长，平面呈十字形，由前、中、后三室组成（图三九，3），全长 12.2、宽 9.1、高 3.6 米。墓室全由红砂岩建造，墓顶为石仿砖的券顶。墓内共有画像石十块，画面十四幅，主要分布于前、中室的壁龛、横额和门柱上，刻法为剔地浅浮雕，题材内容有侍仆、荆轲刺秦王、完璧归赵、伏羲举日、女娲举月、龙虎衔璧、朱雀铺首衔环、鸟衔鱼等。盗余随葬品中有五铢、剪轮五铢、无文小钱、陶俑、石座等。

2. 崖墓

崖墓是由山崖向山体内凿建而成，汉晋时期在四川地区较为流行，形制极富变化[6]。刻有画像的崖墓为该区域独有，完全是仿居宅的，不仅有仿居宅房檐、斗栱等，墓室内还凿有灶和置物的壁龛。

崖墓中刻有画像的只占一小部分，而这一小部分中也只有个别有正式报告，余者或见诸研究论著，或至今不为人知。目前所知画像崖墓有乐山青神大芸坳 76 号墓，该墓有题记表明其建于建初元年（公元 76 年）[7]；乐山肖坝五区 14 号墓，该墓建于阳嘉二年（公元 133 年）[8]；乐山麻浩三区 99 号墓，该墓建于阳嘉三年（公元 134 年）[9]；长宁保民"七个洞"1 号至 7 号墓，其中 2 号墓有纪年为熹平十年，实应为光合四年（公元 181 年）[10]；彭文 951 号墓；乐山张公桥 1 号墓和 2 号墓；夹江棉花坡 124 号墓和 126 号墓；乐山柿子湾一区 26 号墓，该墓有题记"延熹一年（公元 158 年）造，三年（公元160 年）七月成"；肖坝二区 39 号墓，该墓建于延熹二年（公元 159 年）；肖坝一区 10 号墓，该墓建于延嘉九年（公元 166年）；双塘三区 38 号墓，该墓建于建安七年（公元 202 年）；乐山青神大芸坳 2 号墓；乐山车子崖四区 50 号墓[11]；乐山麻浩 1 号墓[12]。兹举例说明。

长宁保民1号墓。该墓为单室，无墓道（图三九，4），全

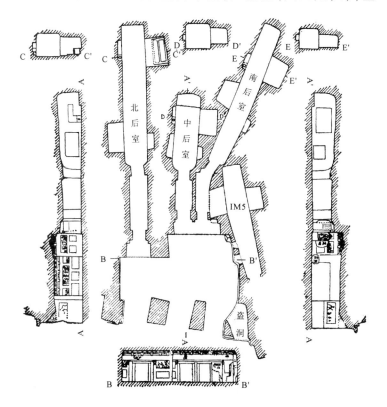

图四〇　四川乐山麻浩 1 号崖墓平、剖面图

长 2.59、宽 1.75、高 1.63 米。墓门为方形，开凿三层门框，由外向内层层缩小，门额、门楣和两侧门边都刻有画像。墓室平面呈长方形，顶凿成拱形。墓门部位的画像为剔地浅浮雕，题材有穿钱纹、伏羲、女娲、双龙、几何图案等。其余六座墓的结构与 1 号墓相同。另外，4 号墓、6 号墓和 7 号墓内的石棺上也刻有画像。

乐山麻浩 1 号墓。该墓由墓道、前室和三个并列的后室组成。为防山水浸蚀，墓门上方凿有前伸的岩檐，檐后为排水明沟。前室平面略成曲尺形，后接互不相通的三个后室。后室前皆设甬道，侧面均设棺室、耳室、灶和案龛（图四〇）。墓门和前室壁画共刻画像二十七幅，其中墓门十幅，前室北壁四

图四一　四川乐山麻浩 1 号崖墓坐佛画像（拓本）

幅，东壁十幅，南壁三幅。刻法为剔地浅浮雕和高浮雕。画像题材有迎谒、门吏、乐舞百戏、挽马、垂钓、建筑、董永侍父、荆轲刺秦王、坐佛（图四一）、二人跪坐于羊背接吻及祥禽瑞兽等。

3．画像石棺

画像石棺是汉代四川地区常用的葬具之一，发现和出土的数量较多，也是此区域画像石的重要特点之一。石棺的形制有两种。一种是用石材雕凿，可以移动。另一种是依山雕凿，除棺盖外，棺体与山体相连，不可移动。这种石棺又被称为石函或崖棺。这两种石棺结构相类，一般由棺身和棺盖组成，棺身为一个整体。石棺在洞室墓和崖墓中都有使用。

画像石棺在四川、滇北的分布区域较广，见诸报道的有大邑三岔乡同乐村永元十五年（公元 103 年）墓石棺[13]、重庆沙坪坝 1 号和 2 号石棺[14]、宜宾石棺[15]、芦山建安十六年（公元 211 年）王晖石棺[16]、郫县新胜石棺[17]、富顺石棺[18]、合江石棺[19]、彭山 282 号崖墓石棺[20]、荥经石棺[21]、简阳鬼头山石棺[22]、泸州石棺[23]、内江关升店崖墓石棺[24]、乐山沱沟嘴崖墓石棺[25]、璧山石棺[26]、合江张家沟 2 号崖墓石棺[27]、南溪长顺坡石棺[28]、新津石棺[29]及云南昭通石棺[30]。另外，还有在其他文章中介绍的四川画像石棺[31]。

四川、滇北的石棺结构及其上画像所刻位置与山东等地石椁不同，后者由画像石材组合而成，画像多位于内壁或内外两壁，只刻于外壁者罕见。四川、滇北的东汉石棺系由整石刻凿而成，其上的画像都位于外壁。棺盖有的作仿屋顶形，不作仿屋顶形的石棺盖顶上也多刻有画像。兹举例说明。

芦山王晖石棺。雕刻技法为剔地高浮雕。棺盖前檐刻铺首衔环。前挡刻仙童启门，旁有题铭："故上计史王晖伯昭，以建安拾六（公元 211 年）岁在辛卯九月下旬卒，其拾七年六月甲戌葬，鸣呼哀哉。"后挡刻玄武，左侧为青龙，右侧为白虎。

简阳鬼头山石棺。该石棺出自简阳董家埂乡深洞村崖墓，墓内共有石棺六具，其中四具有画像，此处所举为 3 号石棺。该棺由黄灰色砂岩雕刻而成，棺身长 2.12、宽 0.63、高 0.64 米。石棺四面雕刻画像，刻法为凿纹地浅浮雕。前挡刻朱雀，后挡刻伏羲、女娲、玄武、鸠鸟，左侧刻仙人六博、仙人骑马、龙与鱼、日、月、白雉，右侧刻大仓、门阙、大司、白虎等画像。每幅画像旁有汉隶榜题说明画像名称，共十五榜，三十一字。这些榜题对于正确理解画像内容有重要价值。如双阙榜题曰"天门"，使我们知道，灵魂升天，和人进府宅一样，首先要经过阙门。

乐山沱沟嘴崖墓石棺。该棺置于主室东侧棺室内。石棺由砂石雕凿而成，长 2.71、宽 0.9、连盖高 1.51、壁厚 0.1 米。棺盖雕成仿屋顶形。画像刻于棺身前、后、左三面，刻法为剔地平面阳刻，物象细部一般不用阴线刻画。画像四周有很宽的边栏，且由宽带分成上下两层。前挡上层刻西王母和双阙，下层刻门吏和卧犬。后挡上层刻太仓，下层刻拜谒图。左侧上层上方垂帷帐，两端为铺首衔环，主题为宴饮。宴席右侧有一辆辇车，下层为车马出行。

4. 石阙

四川、滇北区是汉代石阙遗存最多的区域，主要分布在四川境内的岷江流域和嘉陵江流域，现存地面和考古发现的石阙及其残件二十余个，其中刻有画像的有十多个。它们是成都和帝永元六年（公元 94 年）王文康阙和永元九年（公元 97 年）王君平阙、昭觉好谷灵帝光合四年（公元 181 年）冯佑阙[32]、建光元年（公元 121 年）的渠县冯焕阙、重庆盘溪阙、新都王稚子阙、德阳上庸长阙、夹江杨氏阙[33]、芦山建安十年（公元 205 年）樊敏阙[34]、雅安建安十四年（公元 209 年）高颐阙、忠县丁房阙、绵阳杨氏阙、渠县王家坪无名阙、沈家湾阙、蒲家湾阙等[35]。这些石阙有单檐单阙、单檐子母阙、重檐单阙和重檐子母阙之分，其中以重檐子母阙数量最多，细部结构亦更富于变化。石阙上的画像内容多较为简单，除少量的车骑出行、拜谒、启门图外，多为西王母、玉兔、九尾狐、青龙、白虎等神鬼祥瑞类图像。兹举例说明。

渠县冯焕阙。该阙为单檐子母阙，现存左阙的主阙，余者已佚。阙由黄砂石构筑。左主阙现存台基、阙身、楼部和顶盖四部分。由六层石材构成，通高 4.6 米，顶盖上的脊饰已佚。阙身正面柱间刻铭文两行："故尚书侍郎河南京令豫州幽州刺史冯使君神道。"楼部的三层雕成仿木的斗栱结构。第二层刻方胜纹图案。第三层正面斗栱之间平刻青龙，龙爪前雕一蟾蜍，背面斗栱间刻玄武。

德阳司马孟台阙。该阙为单檐子母阙，现仅存右阙的主阙，余者已佚。阙由黄砂石构筑。右主阙现存台基、阙身和楼部，通高 2.8 米。由独石构成的阙身，四角隐起为柱形。阙上栏额，额间有减地平面线刻的车骑出行图。阙身正面阴刻隶书"上庸长"三字。楼部第一层正面中部刻重叠的山峦、三足乌和九尾狐，背面刻铺首衔蛇，四隅有角神。第二层正面斗间刻西王母，背面浮雕一弹琴人。左侧一人单手托斗栱，左有狐，右有玉兔捣药。右侧图像风化不清。

雅安高颐阙。该阙为重檐子母阙，由红砂岩构筑。左、右阙俱存。其中左阙仅存主阙。阙身背面三柱间刻四行二十四字："汉故益州太守武阴令上计史举孝廉诸部从事高君字贯方。"在三面栏额上有减地平面线刻的车骑出行。右阙主阙由台基、阙身、楼部和顶盖四部分组成，共有十三层石材，通高

5.9米。阙身背面三柱间刻四行二十四字："汉故益州太守阴平都尉武阳令北府丞举孝廉高君字贯光（乃方之误）。"正面栏额上刻车骑出行。楼部第一层正面刻铺首衔鱼，背面刻铺首衔蛇，四隅刻角神。第二层正面刻舞剑和打虎，背面为三足乌、九尾狐、抚琴、鸟兽率舞，右侧为季札挂剑的故事。第三层正面刻妇人启门、拜谒、烤鸟，背面浮雕拜谒图，左侧为狩猎图，右侧为二人持物，四隅为高浮雕的人、兽形象。顶盖的枋头上皆各刻一字，连句内容与阙身正面相类。四方椽间有蛇衔鸟、蛇咬鼠、蛙、鱼、朱雀衔绶等画像，刻法为阴线刻和浮雕。子阙现存台基、阙身、楼部和顶盖，脊饰已佚，共有六层石，通高2.94米。阙身正、背面额上刻卷草纹，右侧刻二人舞剑。楼部第一层刻角神。第二层正面刻一鸟一兽，背面刻羊吃食，右侧刻一人赤身而跪。第三层画像同主阙。第四层与主阙车骑仪仗相连。

另外，个别汉碑上也刻有画像，如四川郫县犀浦公社二门桥永建三年（公元128年）王孝渊碑[36]、永寿元年（公元155年）益州太守无名碑、永康元年（公元167年）渠县冯绲墓的单排六玉碑和双排六玉碑、建宁二年（公元169年）柳敏碑、光和元年（公元178年）徐氏记产碑[37]等。

综观四川、滇北区的汉画像石，就其年代而言，迄今尚未发现早到王莽时期及其以前的画像石，属于东汉早期的画像石只是个别材料，中期的数量也不算多，数量最多的是东汉晚期。东汉晚期是四川、滇北画像石的繁荣时期，且延续至蜀汉。其画像石的存在形式有砖石合建墓、石室墓、崖墓、石棺、阙、碑等，形式多样。此区画像石中的较早者，多有斜行或交错地纹，物象比例失当且比较呆板，内容有日月、伏羲、女娲、双阙、主人受谒、夫妇对饮、乐舞百戏、龙虎穿环等，如大邑同乐村永元十五年（公元103年）画像石棺和宜宾公子山崖墓中石棺。到了东汉晚期至蜀汉时期，地纹大多消失，剔地较深，高浮雕多见，物象形体修美和生动，内容大为增多，各类题材都已出现。此区画像石的雕刻技法有平面阴线刻、剔地平面线刻、凿纹地浅浮雕、剔地浅浮雕、高浮雕和透雕，以浅浮雕和高浮雕为主。这种表现在雕刻技法上的特点与当地都是用砂岩石材有关。此区域画像石题材中反映生产活动的内容虽然较少，只见个别采桑图、纺织图和酿酒图，但却反映了当地社会生产活动的特点。反映生活的内容中以车骑出行和建筑为最多，其中成都扬子山1号墓的车骑出行最为气派，整个画面有数米之长。位于队伍最后的主车为四马安车，导车二十辆，导从骑二十二人，步卒十八人。步卒和马匹都极具动感。历史故事内容有秋胡戏妻、季札挂剑、荆轲刺秦王、董永侍父等，其中最为精彩壮观的是乐山麻浩1号崖墓前室北壁上的荆轲刺秦王图。该图长3.85、高0.58米，是迄今汉画像石中所见画幅面积最大的荆轲刺秦王图。画面分三格。左格二秦臣惊慌失措，迈步避让。中格左侧，秦王断袖弃冠举剑绕柱而逃，中部是一圆柱，秦王的断袖缠绕其上，柱右一秦武士奋力抱住怒发冲冠的荆轲。右格秦舞阳吓得低头伏地，面前放着盛樊於期头的方盒。该图那壮烈的场面及人物的动作、姿势所表达出的丰富内涵，让人惊叹。在画像石的神鬼祥瑞类题材中，佛像的出现颇为引人注目，在其他地区虽也发现有与佛教相关的内容，但作为标准的佛像，却仅见于四川地区。这是个值得注意的问题。此区域画像石边饰极少，细部一般不刻画修饰，画像间极少用小物象或花纹填白。画面简洁明快，物象主体突出，显示了此区域的画像石有着与河南南阳相近似的风格。而其特有的墓葬形制、画像内容及高浮雕等雕刻技法，又说明它独具特点，有别于其他地区。

注 释

[1]《史记·河渠书》卷二十九，第 1407 页，中华书局 1982 年点校本。

[2] 于豪亮《记成都扬子山 1 号墓》，《文物参考资料》1955 年第 9 期。

[3] 成都市文物管理处《四川成都曾家包东汉画像砖石墓》，《文物》1981 年第 10 期。

[4] 陈丽琼《四川重庆江北发现汉墓石刻》，《考古通讯》1958 年第 8 期。

[5] 重庆市博物馆、合川县文化馆《合川东汉画像石墓》，《文物》1977 年第 2 期。

[6] 罗二虎《四川崖墓的初步研究》，《考古学报》1988 年第 2 期。

[7] 唐长寿《岷江流域汉画像崖墓分期及其它》，《中原文物》1993 年第 2 期。

[8] 唐长寿《乐山崖墓和彭山崖墓》，电子科技大学出版社 1993 年版。

[9] 同 [7]。

[10] 四川大学考古专业七八级实习队、长宁县文化馆《四川长宁"七个洞"东汉纪年画像崖墓》，《考古与文物》1985 年第 5 期。

[11] 同 [8]。

[12] 乐山市文化局《四川乐山麻浩一号崖墓》，《考古》1990 年第 2 期。

[13] 郭仕文《记大邑"天门迎揖"画像石棺》，《四川文物》1998 年第 1 期。

[14] 常任侠《巴县沙坪坝出土之棺画研究》，《金陵学报》1938 年第 8 卷 1、2 期合刊。

[15] 吴仲实、胡秀庐、刘师德《四川宜宾汉墓清理很多出土文物》，《文物参考资料》1954 年第 12 期；匡达滢《四川宜宾市翠屏村汉墓清理简报》，《考古通讯》1957 年第 3 期；兰峰《四川宜宾县崖墓画像石棺》，《文物》1982 年第 7 期；崔陈《宜宾地区出土汉画像石棺》，《考古与文物》1991 年第 1 期。

[16] 任乃强《辨王晖石棺浮雕》，《康导月刊》1943 年第 5 卷 1 期；迅冰《四川汉代雕塑艺术》，图 29～30，中国古典艺术出版社 1959 年版。

[17] 李复华《郫县出土东汉画像石棺略说》，《文物》1975 年第 8 期；四川省博物馆、郫县文化馆《四川郫县东汉砖墓的石棺画像》，《考古》1979 年第 6 期。

[18] 陈凡《富顺县发现汉代石棺》，《四川文物》1985 年第 3 期。

[19] 王开建《合江县出土东汉石棺》，《四川文物》1985 年第 3 期。

[20] 高文《四川汉代画像石》，巴蜀书社 1987 年版。

[21] 李晓鸣《四川荥经东汉石棺画像》，《文物》1987 年第 1 期。

[22] 雷建金《简阳鬼头山发现榜题画像石棺》，《四川文物》1988 年第 6 期。

[23] 谢荔《泸州博物馆收藏汉代画像石棺考释》，《四川文物》1991 年第 3 期。

[24] 雷建金《内江关升店东汉崖墓画像石棺》，《四川文物》1992 年第 3 期。

[25] 乐山市崖墓博物馆《四川乐山市沱沟嘴东汉崖墓清理简报》，《文物》1993 年第 1 期。

[26] 戴克学《璧山出土汉代石棺》，《四川文物》1993 年第 1 期。

[27] 王庭福、李一洪《合江张家沟二号崖墓画像石棺发掘简报》，《四川文物》1995 年第 5 期。

[28] 颜灵《南溪县长顺坡画像石棺清理简报》，《四川文物》1996 年第 3 期。

[29] 郑卫《新津县出土两具汉代画像石棺》，《四川文物》1996 年第 5 期。

[30] 孙太初《云南古代画像石刻内容考》，《学术研究》（云南卷）1963 年第 5 期。

[31] 高文《绚丽多彩的画像石墓——四川解放后出土的五个汉代石棺椁》，《四川文物》1985 年第 2 期；高文、高成英《汉画瑰宝——四川新出土的八个画像石棺》，《文物天地》1988 年第 3 期；高文、高成英《四川出土的十一具汉代画像石棺图释》，《四川文物》1988 年第 3 期。

[32] 高文主编《中国汉阙》，第 82～84 页、第 91～93 页，文物出版社 1994 年版。

[33] 王明达《汉代的石阙》，《文物》1961 年第 12 期；重庆市文化局、重庆市博物馆《四川汉代石阙》，文物出版社 1992 年版。

[34] 曹丹《芦山县汉樊敏阙的清理复原》，《文物》1963 年第 11 期。

[35] 重庆市文化局、重庆市博物馆《四川汉代石阙》，文物出版社 1992 年版。

[36] 袁曙光《王孝渊墓碑画像石及其历史地位》，《汉代画像石研究》，第 266～269 页，文物出版社 1987 年版。

[37] 洪适《隶续》卷五，第 319～328 页，中华书局 1985 年版。

九 其他地区汉画像石

　　除四个主要汉画像石分布区之外，还有不少地方发现有画像石，但并不密集，数量也不多。这些地方以河南中西部地区的嵩洛一带较为集中，主要分布在新密、新郑、登封、巩义（原巩县）、中牟、许昌、禹州、鄢陵、尉氏、扶沟、淮阳、洛阳、偃师、孟州（原孟县）等地。有的学者主张将其单独分出，与四大区并列[1]。其出现的时间大约在西汉晚期，延续到东汉晚期。除嵩洛一带外，河南正阳、陕西彬县和咸阳、甘肃成县、北京丰台和石景山、天津武清、河北满城、浙江海宁、贵州金沙和内蒙古包头等地都发现有少量画像石。这些画像石除少数石阙、摩崖位于原地面上外，多是 20 世纪 50 年代以后考古调查、发掘所得。其发现扩大了汉画像石的分布范围。这些画像石多是东汉中晚期的作品，且受到画像石主要分布区的明显影响，但由于其与主要分布区相距较远，又比较孤立，故难以归入某一主要分布区。

　　散布各地的画像石以墓葬发现和出土者为最多，除零散者外，能看出墓葬形制的绝大多数为砖石合建墓，个别为石仿砖的单室券顶墓。河南禹州白沙颍东墓区 26 号墓、29 号墓，沙东墓区 8 号墓等为单室券顶墓[2]，画像刻在石门上；洛阳烧沟 58 号墓为砖石合建的单室加耳室墓，墓门阴刻铺首衔环[3]；洛阳西郊涧河西岸 30.14 号墓为前后室加耳室砖石合建墓，画像集中在墓内的两重石门上[4]；新密后士郭 1 号墓和 2 号墓也是前后室加耳室砖石合建墓[5]；新密打虎亭 1 号墓和 2 号墓为大型多室砖石合建墓[6]。陕西彬县雅店墓为单室加耳室砖石合建墓[7]；咸阳龚家湾 1 号墓为无耳室前后室砖石合建墓[8]。北京丰台区三台子砖石合建墓，惜已被破坏，结构不明，画像石仅存石门一对[9]。河北满城四道口墓为大型砖石合建墓。该墓前中后三主室皆为单间，前室左右有耳室，前有甬道[10]。浙江海宁长安镇墓为前后室加耳室砖石合建墓[11]。贵州金沙后山墓为石仿砖的券顶单室墓[12]。内蒙古包头南郊麻池乡观音庙 1 号墓为多室砖石合建墓，墓门为一对画像石，上面刻浅浮雕朱雀铺首衔环[13]。兹举例说明。

新密后士郭 1 号墓。该墓由甬道，前室及左、右、前三耳室和并列的双后室组成，券顶（图四二，1）。墓砖主要用于券顶、四壁和地面。石条主要用于墓门、门楣和墓室转角。除刻有画像和绘有壁画的二十二块石材外，均未经打磨，只是雕凿得极为平整方正。壁画和画像石主要分布于墓门、甬道两壁和前室四壁。其中画像石十七块，主要是在墓门、门柱、门楣和栌斗上。门上的铺首和门楣上的鹿为剔地浮雕，其余画像皆是剔地平面线刻。画面以云气纹为主，部分云气纹之间刻以祥禽瑞兽和神鬼图像。盗余随葬品中有高圈足壶、镇墓罐、彩绘仓楼、磨郭五铢等。据该墓各方面的特征，定其时代为东汉晚期。2 号墓与 1 号墓的结构、装饰和随葬品的特征相同，应年代相当。

新密打虎亭 1 号墓。该墓由甬道、前室、中室、后室及南耳室、北耳室和东耳室组成（图四二，2），通长 25.16、宽 17.78、高 4.85 米。墓室的建筑材料有预制好的大砖和青石构件，其中石材略多于砖。石材多用于砌筑墓室内壁与券顶，而

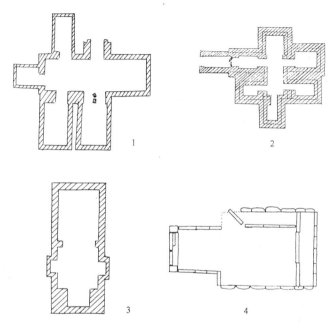

图四二　其他地区汉画像石墓平面图

1.河南新密后士郭 1 号墓　2.河南新密打虎亭 1 号墓　3.浙江海宁长安镇墓
4.贵州金沙后山墓

砖则多用于砌筑墓室的外壁及券顶外层，构成"内石外砖"的
券砌结构。各室和甬道墙壁所用石材，凡朝内露出的石面都经
过琢磨加工，相当光滑，并雕刻有各种图案花纹和画像，面积
达二百多平方米。除墓门为独石外，墓壁上的画像多是由数石
组合而成，有些石材上留有记号，表明该墓所用石材皆经过精
心设计和预制，最后组装时亦是基本按设计进行的。因此，画
像画幅较大，内容丰富，图像亦较高大。墓门上的铺首衔环为
剔地高浮雕，其余为剔地平面线刻，剔地有深浅之分。题材有

图四三   河南新密打虎亭 1 号墓东耳室南壁画像（拓本）

人物、车马、饲养、养老、庖厨、宴饮、四神、祥禽瑞兽和大量的图案花纹（图四三）。2 号墓的结构与 1 号墓相同，但画像内容主要用壁画表现。两座墓的时代都是东汉晚期。将新密打虎亭 1 号墓的画像石与山东金乡朱鲔石室画像比较可以看出，其艺术风格极为相似，当有相互影响的关系，也不排除即是同一派艺人所为。

海宁长安镇墓。该墓为砖石合建券顶结构，长 9.56、宽 4、后室高 3.1 米。墓门前有甬道，分前后室，前室有左右耳室（图四二，3）。墓壁墓础及墓壁下段均用长条形石叠砌，条石之上用砖起券。墓内有画像石六十三块，画面五十五幅，画幅面积 22 平方米。除一幅嵌在墓门楣外侧上方外，其余均分布在前室，墓门和南壁十八幅，东壁十二幅，北壁十一幅，西壁十三幅。雕刻技法为剔地平面线刻，剔地极浅。题材内容主要有车骑出行、乐舞百戏、庖厨、宴饮、盘龙柱、荆轲刺秦王、朱雀铺首衔环及凤凰和麒麟等祥禽瑞兽等（图四四）。其中以玄武为础的盘龙柱为迄今所知汉画像石中仅见。该墓画像多分层、分格布局，以卷云纹为边饰，雕刻技法、风格特征明显与山东、苏北地区的画像石有关，画像上的人物和动物极具动感，艺术水平很高，是东汉末年画像石发展到顶峰时在南方地区出现的代表作之一。

金沙后山墓。该墓形制较为特殊，为石材仿砖建筑，由甬道和单墓室组成，室内分出头厢和边厢，券顶，全长4.85、残高1.15米（图四二，4）。由于墓葬被盗毁，墓内原有画像石数量和位置已不明。画像刻法为凿纹地浅浮雕，题材有伏羲、女娲、双阙、乐舞等。画面较小，内容也很简单，形象亦

图四四　浙江海宁长安镇墓前室北壁画像石

（摹本，引自岳凤霞、刘兴珍《浙江海宁长安镇画像石》文）

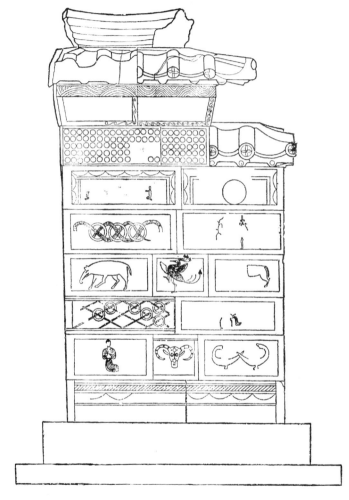

图四五　河南登封嵩山太室阙东阙南面画像（摹本）

较朴拙，风格与四川、滇北区画像石相近。

画像石阙主要有河南登封中岳三阙。三阙皆为单檐子母

阙，其中太室阙为元初五年（公元 118 年），启母阙为延光二
年（公元 123 年），少室阙与此二阙为同一批工匠所造[14]。河
南正阳城关石阙，结构和画像与中岳三阙类似，时代应相当，
即属于东汉中期[15]。这四座画像石阙现仍立于原地。北京石
景山发现的永元十七年（公元 105 年）秦君书佐石阙，形制为
重檐子母阙，惜已残毁。双阙之前还有被称作石表的凹棱圆柱
一对，上刻"汉故幽州书佐秦君之神道"[16]。五座阙中，前三
座可以确认为宗庙阙，秦君阙可以确认为墓阙，惟正阳县阙不
能确指。据调查资料看，为宗庙阙的可能性较大。这五座东汉
中期的画像石阙中以嵩山太室阙保存最好。

太室阙是太室山庙前的神道阙，树立在太室山南麓中岳庙
门前 513 米的中轴线上。太室双阙间距离为 6.75、东阙通高
3.92、西阙通高为 3.96 米。左右阙结构完全相同，分别由阙
基、阙身和阙顶三部分组成。母阙和子阙内外联成一体，母阙
高而子阙低。阙身石面除镌刻有铭文者外，其余均以石块为单
位雕刻画像。刻法主要为凿纹地浅浮雕。内容有拜谒、轺车出
行、剑舞、倒立、犬追兔、铺首衔环、双龙穿璧、马、熊、四
神和各种花纹图案等（图四五）。

除画像石墓和画像石阙外，在天津武清发现的延熹八年（公
元 165 年）鲜于璜碑上，阴刻有青龙、白虎、朱雀[17]等形象。甘
肃成县鱼窍峡有建宁元年（公元 168 年）五瑞图摩崖画像。五瑞
图为剔地浅浮雕的甘露、嘉禾、木连理、白鹿和黄龙等[18]。

注　　释

[1] 孙广清《河南汉代画像石的分布与区域类型》，《华夏考古》1991 年第 3 期；

信立祥《中国汉代画像石の研究》，日本同成社 1996 年版。

[2] 河南省文化局文物工作队《河南禹县白沙汉墓发掘报告》，《考古学报》1959 年第 1 期。

[3] 洛阳区考古发掘队《洛阳烧沟汉墓》，第 35 页，图十五，5，图版拾壹，1，科学出版社 1959 年版。

[4] 河南省文物工作队第二队《洛阳 30.14 号汉墓发掘简报》，《文物参考资料》1955 年第 10 期。

[5] 河南省文物研究所《密县后士郭汉画像石墓发掘报告》，《华夏考古》1987 年第 2 期。

[6] 河南省文物研究所《密县打虎亭汉墓》，文物出版社 1993 年版。

[7] 陕西考古所泾水队《邠县雅店村清理一座东汉墓》，《文物》1961 年第 1 期。

[8] 孙德润、贺雅宜《龚家湾一号墓葬清理简报》，《考古与文物》1987 年第 1 期。

[9] 喻震《丰台区三台子出土汉画像石》，《文物》1966 年第 4 期。

[10] 保定市文物管理处《满城县四道口东汉墓发掘简报》，《文物春秋》1991 年第 1 期。另外，满城还发现有零散的墓门扉画像石，时代均与四道口墓相当，见保定市文物局文物科《满城县发现东汉画像石》，《文物春秋》1994 年第 4 期；郭铮《试论满城画像石》，《文物春秋》1995 年第 1 期。

[11] 嘉兴地区文物管理委员会、海宁县博物馆《浙江海宁东汉画像石墓发掘简报》，《文物》1983 年第 5 期。

[12] 贵州省文物考古研究所《贵州金沙县汉画像石墓清理》，《文物》1998 年第 10 期。

[13] 魏坚《内蒙古中南部汉代墓葬》，第 285~289 页、第 287 页，图四，大百科全书出版社 1998 年版。

[14] 吕品《中岳汉三阙》，文物出版社 1990 年版。

[15] 王润杰《正阳县汉代石阙调查》，《文物》1962 年第 1 期。

[16] 北京市文物工作队《北京西郊发现汉代石阙清理简报》，《文物》1964 年第 11 期。

[17] 天津市文物管理处、武清县文化馆《武清县发现东汉鲜于璜墓碑》，《文物》1974 年第 8 期。

[18] 洪适《隶续》卷五，第 347 页，中华书局 1985 年版。

十 汉画像石艺术的分析与评价

由于汉画像石自身具有的金石不朽的特性，使这种历史文化载体得以大量保存。其不仅反映了当时的社会生活，而且也展示了汉代造型艺术的风格和水平，是我国文化艺术宝库中的瑰宝。随着考古发现和研究的开展，对汉画像石的研究和认识也逐步深入，特别是受到了美术界的瞩目和重视。从美术史或美学视角对汉画像石艺术进行分析并给予高度评价，更激起当代美术创作对它的借鉴热情，为这古老的石刻艺术注入了新的活力。"作品的不朽不但存在于历史显现的生产过程，也来自人类审美活动过程，以新的姿态参与两个过程的相互作用中，以过去和现在的对话来延续作品的生命，正是汉画像石美学研究的任务"[1]。这或是当今美术界创造性的理解和感知古代艺术作品的一种积极态度。而本书对汉画像石艺术的分析，不在于对其新价值的发掘或美学心理的审视，而基本是以考古学取向对这种艺术形式的观察，并参照美术界的评论，对汉画像石艺术作几点较客观的陈述。

（一）艺术功能

汉画像石不是一种单纯的、专门性的艺术，更不是一件孤立的绘画、雕刻艺术品，而是一个特定历史阶段的产物和文化现象，是汉代为丧葬礼俗服务的功能艺术[2]。

汉代的画像石墓、祠堂、阙等墓葬建筑物，是由预先打制和雕刻好的石材等构成的。由此可知，建造这些墓葬建筑物，事前要有一个总体设计或周密的腹稿。从整个建筑物的形制结构、规模大小、画像布局、雕刻技法等方面综合考虑，进而分解落实到每块画像石材的制作和刻画，待这些石材制作完成以后，最后再进行总体的砌筑安装。从这些墓葬建筑物及其画像的存在及构成形式来看，画像石艺术是将绘画、雕刻和建筑紧密结合，并附属于墓葬建筑物的艺术作品。所以，汉画像石艺术的功能性是很明显的。它不仅有装饰作用，更主要的是使这些墓葬建筑充满了人们对死后丧葬需要的内涵意义。

汉画像石艺术的功能，表现在它密切联系着并从属于人们死后所在及祭祀之处的墓葬建筑。其题材内容的选择和位置的经营等，都是从为建立与死者和冥世间的联系的角度而考虑的。人们试图通过这一手段，达到一种超自然的目的，再造出一个死后所能达到的神奇世界。这种艺术功能也是随着画像石墓葬习俗的发展，逐步地充实、丰富和完备的。早期的汉画像石艺术滥觞时期，刻画的主要是一些简单的生活景物图像，如屋宇、树木、人物、车马等。这种有限的内容，显而易见是为了满足死者在冥世的生活需要。随着葬俗的发展，画像石艺术的内容不断增加，反映社会生活题材的图像逐步扩展丰富，神灵、仙人类的内容很快被吸纳进来，反映儒家伦理道德的历史故事和神学谶纬思想的祥瑞形象也越来越多地表现出来。至东汉中晚期画像石艺术兴盛时期，其不仅在艺术形式上将墓葬建筑物装饰得华丽、充盈，而且题材的内涵也更加丰富饱满，几乎将天地、古今、人世、鬼神等现实与幻想的宇宙事物都纳入其中，可以说是汉代社会人神杂糅思想面貌的翻版。汉画像石艺术为逝者组成了一个冥界的形象化的天地，即开辟创造了另一个神奇的世界，人死后进入的是天人合一的、有神灵护佑的、可驱灾辟邪的、能羽化升仙的、有伦理道德规范的、充满着安乐生活享受的天地人境界。这对祭祀和禳灾祈祥来说，足以使逝者的灵魂得到满足和慰藉了。汉画像石艺术为丧葬礼俗服务的功能，也由此得到了淋漓尽致的发挥。

汉画像石艺术和汉代社会人们的思想和生死观念密切相关。汉画像石艺术虽然可以称为"坟墓艺术"，"是为死者而组成死者的形象天地"[3]，但这些"组成死者的形象天地"是生人所为所知的，其所具有的冥界的机能，也是人们头脑中幻想出来的。它不但慰藉了死者的灵魂，而且亦使生者得到安慰和满足。这在汉画像石的题铭中也能反映出来。所以说，汉画像石艺术功能的终极结果，是从属并满足着人们对死的观念和欲求，抚慰着生者的心灵。汉代人们"事死如生"、"事亡如存"的厚葬观念和行为，在一定程度上反映了对人生的重视和企图死后对人生的仿效再现。这和春秋战国时期以来社会的变化进步和人本思想的发展有关。从汉代墓葬形制和随葬品的变化，以及画像石艺术所表现的内容看，无不是为追求、贴近或仿效着人生而出现，以满足人死后到另一个世界生活的需要。汉画像石艺术所表现的社会生活的内容不仅自始至终不可或缺，而且是愈加扩展和丰富，各种现实生活的景象无不逼真入微，反映了对现实人生的依恋。汉画像石中有许多神鬼信仰和升仙迷信的内容，反映了人们希望死后得到神灵护佑，并登临仙界的一种超凡脱俗的幻想。但是，它并没有舍弃或否定现实人生的观念，而是希望人生能够永恒延续和升华。如果抛开那些鬼神迷信思想的话，它确实折射出了汉代人的一种进取精神。再就那些构成神灵、仙人、奇禽异兽等千奇百怪的艺术形象来看，不过是人世间具象的变化组合，是现实和幻想结合的浪漫主义作品。和古代的艺术相比较，汉画像石摆脱了商周时期艺术的禁锢，创造的作品不再是那种显示着"狞厉之美"的神秘莫测、威严恐怖的图像，而是充满人间生活趣味、容易被人接受的生动的艺术形象，就连许多神怪也是人格化的。这些神怪形象从属于人们的主观愿望，可以说"它不是神对人的征服，而毋宁是人对神的征服。神在这里还没有作为异己的对象和力量，而毋宁是人的直接伸延"[4]。又如有人论述汉画像石墓的门画艺术特征，那些众多的门神，"尽管凶相赫赫，威风凛凛"，而"在汉代人眼目中，他们已不是被人顶礼膜拜的至圣，而是被人拿来恐吓鬼怪的工具"[5]。由此看来，为丧葬礼俗服务的汉画像石艺术，也即为死者组成形象天地的"坟墓艺术"。对人来说死亡还有什么可怕呢？人死之后不是走向另一个神奇而美好的天地境界了吗？它驱除了人们对死亡的恐怖。所以说，汉画像石艺术反映了汉代人进取的时代精神。为死者丧葬礼俗服务的汉画像石艺术，其艺术功能的实质是为人们自身的艺术。

（二）构图表现方式

汉画像石是集绘画与雕刻为一体的特殊艺术形式，其成型技术虽为雕刻，但依其整体艺术形态而言又似绘画，具有绘画的构图表现方式，因而，对认识和研究我国古代绘画具有重要意义。

所说汉画像石的构图方式，主要是指对画面空间的表现方式，以及对画面空白的处理方式。本文在吸纳考古、美术界的一些论述基础上，对此作一简要阐述。

汉画像石对表现空间的构图方式，一般都是采用散点透视法。所谓散点透视，是指把眼睛在移动中观察到的物象，集中表现于一幅画面上。其在构图上又表现为几种不同的形式。一是平视横列法。即刻画的物象完全在一条水平线上呈横向序列，物象之间的关系只能靠左右位置或动作来表明，是没有纵深关系的二维空间。如山东长清孝堂山石祠北壁下部的孔子见老子画像（图四六，1）。二是斜视横列法。物象仍基本在底线上作水平横列，由于采取斜向的透视，在纵深空间里就出现了相互重叠或错列的物象。如孝堂山石祠大王车出行图中驾车的双马和并列的骑吏、步卒等（图四六，2）。三是鸟瞰散布法。

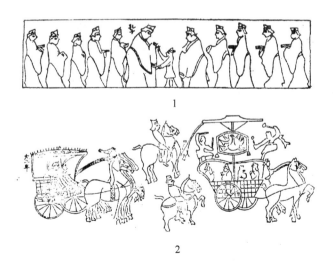

1

2

图四六　汉画像石构图方式示意图

1. 平视横列法（山东长清孝堂山石祠北壁）　2. 斜视横列法（同前）

即是对物象采用高点散视的构图，使纵深空间里的物象脱离水平底线，由近而远地散布于画面，而画面里的上下位置则显示了远近纵深的空间关系。如山东诸城前凉台墓的庖厨图画像。另外，在汉画像石中也能见到个别以焦点透视表现空间的构图方式，但没有发展和形成规模。这些不同的构图表现方法，往往是和画像所在的建筑物画面布局相联系的。如平视横列或斜视横列法的构图，一般多施用于上下较窄的横幅画面或重叠分层的画面中，如常见的车骑出行画像和成列的人物拜谒画像等。而鸟瞰散布法，则多施用于那较宽大的画面中，如战争、围猎、乐舞、庖厨、楼阁庭院等物象杂陈的画像。平视或斜视横列的构图，使画面整齐、简洁，富于节奏感。而鸟瞰散布法的构图，则使画面物象层次丰富，气势宏大。

汉画像石艺术对画面空白的处理，一般都采用填白方式，即在画面的主要物象以外空白的地方，用飞鸟、走兽、小树、云纹等填充其间。"汉代艺术还不懂后代讲求的以虚当实、计白当黑之类的规律，它铺天盖地满幅而来，画面塞得满满的，几乎不留空白"。"然而，它却给予人们以后代空灵精致的艺术所不能替代的丰满朴实的意境"[6]。这里所说的"填白"，是借用汉代以后形成的绘画理论的用语。而画像石艺术中的所谓填白，并不是与内容无关的可有可无的装饰，而是画像内容不可分割的组成部分，具有烘托画像内容主体的作用。如在车马出行图中填缀以飞鸟，可以更加衬托出整齐而迅疾行进的车骑行列。又如在神灵、仙人、奇禽异兽等画像中，填缀以变化流畅、形式多样的云气纹，增强了画面飘渺灵动的感觉。这种填白方式从构图效果来看，不仅使画面均衡，而且富于变化，确实体现了一种饱满充实的意境。

汉画像石艺术散点透视的画面构图，并不符合自然真实的透视方法，但却符合人们的审美习惯。这种构图方式不受自然视角的羁绊和时空的限制，可以把所表现的物象直接、明确、集中地表现出来。如在画像石中有许多楼阁人物的画面，楼阁有装饰华丽的屋顶及挺立的楹柱，但却没有任何可以遮挡的门窗，楼内如同一个横断的切面，一眼望去，可以看到楼上楼下正襟危坐的主人，众多操持服侍的男女仆从，恭迎拜谒的门人、宾客等。又如在许多狩猎的画像中，那藏在山中的飞禽走兽，同样可以主要物象或所谓填白的方式刻画出来。由此可以认识到，汉画像石艺术的创作者们是把感受和领悟到的自然和社会的万物，组合纳入到主观意念的创作中加以表现的。这就给汉画像石艺术的创作表现开创了无限广阔的空间。

（三）现实主义和浪漫主义
相结合的艺术作品

汉画像石艺术就像一面历史的镜子，映射出了当时社会生活的景况。这不仅因为它大量的题材内容撷取于现实生活，而且还因其艺术表现手法亦具有明显的写实特点，是充满现实主义特色的艺术作品。创作这些艺术作品的民间工匠，他们的艺术实践和生活之路是密切相联的，和当时社会的丧葬礼俗和广泛的审美意识亦是不可分割的。通过他们对现实生活的观察和手中的刀笔创作的艺术作品，极富生命力和真实感。画像石中那些车水马龙、疾驰行进的出行队伍，千姿百态、欢快惊险的乐舞百戏，杀猪宰羊、汲水灶炊、忙碌操作的庖厨，放鹰纵犬、张弓执毕的紧张的围捕射猎，人仰马翻、断脰洞胸的战争场面，农耕、渔牧、纺织、冶铁生产劳动景象等，无一不是对现实生活的真实写照。这些写实性的画像石艺术作品，能抓住事物情节发展变化的高潮，予以集中表现，给人以深刻的印象。如在乐舞百戏画像中，那踏鼓舞者手足并用"抚踏摩跌"的紧张节奏，那竿戏中的"都卢迅足，缘修竿而上下"[7]，"侲童程材，上下翩翻，突倒投而跟挂，譬陨绝而复联"[8]的惊险表演，那丸剑交错、轮抛飞舞的精彩场面，使人有目不暇接之感。又如南阳汉画像石中有许多惊险的斗兽场面，其中一幅牛虎搏斗图中，在一头凶猛的公牛抵向扑来的老虎时，一人手持尖刀，突然出现在牛的胯下阉割牛的睾丸。阉牛人的迅捷勇敢被生动地展现出来。嘉祥武氏祠画像中荆轲刺秦王的画像，画面表现的是匕首掷中庭柱，怒发冲冠的荆轲被武士拦腰抱住，惊慌的秦王断袖逃走，荆轲副使秦舞阳被吓得五体伏地，集中而突出地表现了故事中图穷匕首现后那扣人心弦的一幕。这些画像都是抓住了事物情节发展的高潮和集中突发的瞬间而加以表现。其作品的内在真实性不仅给人以强烈、深刻的印象，而且也反映了创作者对事物的深刻观察和对生活的熟悉谙练。

汉画像石虽具有明显的写实性手法，但并不拘泥于单纯的物象模拟，而是大胆地运用夸张、变形手法加以创作，使刻画的艺术形象更为传神和突出。如在楼阁人物、宴饮拜谒等众多画像中，那庞大身躯的主人形象成倍地超出常人，以突出其雍容高贵之态；那乐舞图中的舞蹈女子，其修长的身材和细腰被夸张地加以表现，以显示其姿态之美。对各种鸟兽动物的画像，或拉长身躯，或高冠大尾，或形态变异，相互交绕嬉戏（图四七）。这些画像虽然并不完全符合真实的比例和写实标

图四七　山东滕州老阳店百兽画像（拓本）

准，但却使艺术形象显得更加生动。汉画像石中最常见的动物形象是马，画面中那肥硕的身躯和瘦劲的四肢，使其更显英姿勃勃。

汉画像石艺术的浪漫主义色彩，更充分地表现在那些神灵、仙人、怪异的画像中。创作者们把日月天象、鸟兽虫鱼等拟人化，或又把人拟鸟兽动物化，相互组合变化，从而刻画出了许多现实世界所没有的美妙而奇特的形象。那些纷繁多样的神异形象，既有相对的确定性，如伏羲、女娲那种人首蛇身的基本形象，西王母"梯儿而戴胜杖"的形貌特征等，同时又有着变化不定的模糊性。因为模糊可变的形象比确定明确的形象更富有想象力和表现力，对创作那些人们心目中虚幻无定的神怪艺术形象，更具广阔的空间。但是，无论想象力如何丰富，浪漫色彩多么浓郁，那些千奇百怪的形象总离不开人世间与自然界具体物象的变化组合。那些神灵、仙物等也带有人间生活的趣味，如画像中表现的西王母所在的仙境，那勤快捣药的玉兔、筛药或起舞的蟾蜍，以及众多侍奉的禽兽和羽人，无不充满着人的灵性。仙界是那样的亲切和温馨，体现了人们对升入仙境的美好幻想。

总之，汉画像石艺术是现实主义和浪漫主义相结合的作品，不论是对现实生活中的形象，还是想象中的神灵、怪兽，都是将现实生活中的物象作为依据，作为造型艺术的出发点，并循此极尽夸张变化之能事。其刀笔所向并不是谨毛顾全，而是重在捕捉物象特征的势态。其所追求的不是自然主义的真实美，而是追求整体的神似美。所以说，汉画像石的艺术形象，使物体的生命得到升华，使之更加传神，充满着力量、动感和气势。

（四）历史地位

汉画像石是我国民间的能工巧匠创作出来的艺术作品，尤如刻画武氏祠画像的"良匠卫改，雕文刻画，罗列成行，摅骋技巧，委蛇有章"[9]，反映了汉代工匠的智慧和创造才能。正是那些遍布全国各地的众多的工匠们，积年相传，把汉画像石艺术成就一步步推向高峰，创作出了既有统一的时代精神和艺术面貌，又风格迥异的艺术作品。作为还处于中华本土美术早期阶段的造型艺术，汉画像石在我国美术史上占有极为重要的地位。

汉画像石艺术反映了一个伟大的时代艺术精神和气质，它冲破和摆脱了商周宗教神秘艺术的禁锢，把眼光转向了人类社会生活的自身，开拓了空前广阔的创作空间，表现出了多层次、多方面的社会生活画面及大量激动人心的历史故事，并以拟人化的手法刻画出了众多的神仙、怪兽的形象。它既有着对现实人间生活的肯定，也有着对神仙天境的向往。它用艺术形象创造了一个五彩缤纷、琳琅满目的神奇美好世界，反映了汉代人们的伟大力量和进取精神。

汉画像石艺术的广阔创作空间，不仅在它的内容取材上，还体现在构图艺术空间的拓展方面。创作者俯视面的扩大，立足于超越自然时空和具体生活空间的大境界。那种所谓散点透视式的各种构图，即为创作者提供了组织表达众多物象和庞杂内容的空间。这种重在主观意向的艺术表现以及对物象的夸张变形手法，为中国传统绘画的发展首开先河。

汉画像石的造型艺术已渐趋成熟，有一定的构图方式和表现手法，又有多种多样成型的雕刻技法。其刀法粗放流畅，概括简洁。汉画像石作为一个时代的艺术所体现出的那种整体性的力量和气势，是后代艺术难以企及的。对此，鲁迅先生曾赞叹说："唯汉代石刻，气魄深沉雄大。"[10]

　　汉画像石艺术是一部历史的画卷，文化内涵极为丰富。它不但是研究汉代历史的一面镜子，而且在我国美术史上居有重要的地位。它承上启下开创我国造型艺术的先河，奠定了我国造型艺术的基本法则和规范，对中华民族的审美心理也有着特定的作用，是中国美术发展史上的一座里程碑。它所显示的中国传统的绘画、雕刻的艺术特征，以及那"深沉雄大"的气势，至今仍熠熠生辉。

注　释

［1］李宏《汉画像石的美学思考》，《汉画研究》1991 年创刊号。

［2］蒋英炬《关于汉画像石产生背景与艺术功能的思考》，《考古》1998 年第 11 期。

［3］土居淑子《古代中国的画像石·序》，日本同朋社 1986 年版。译文载《汉画研究》1991 年创刊号。

［4］李泽厚《美的历程》，第 74 页，文物出版社 1981 年版。

［5］闪修山《南阳汉画像石的门画艺术》，《中原文物》1985 年第 3 期。

［6］同［4］，第 84 页。

［7］欧阳询《艺文类聚》卷六十一引傅玄《正都赋》，第 1110 页，上海古籍出版社 1982 年版。

［8］张衡《西京赋》，《文选》卷二，第 49 页，中华书局 1977 年版。

［9］洪适《隶释》卷六"汉从事武梁碑"，第 74～75 页，中华书局 1985 年版。

［10］《鲁迅全集》卷十三，第 207 页，人民文学出版社 1982 年版。

十一 汉画像砖的发现与研究

画像砖是模印或刻划有画像和花纹的砖，主要用于嵌砌、装饰墓葬。画像砖并不是汉代才有的，最晚在战国时期就出现了。1907年陕西凤翔彪角镇出土三十多块战国时期秦国的画像砖，其中一块为西北大学收藏[1]。1996年河南郑州南阳路北仓中街发掘的11号和12号战国墓的空心砖上也有树和虎的画像[2]。但战国时期的画像砖仅为个别发现，似乎尚属初始肇创，因此，本书所述不包括战国时期画像砖。另外，为了不使画像砖的概念失之宽泛，也不述及纯花纹砖和文字砖。

（一）发现和分布

清光绪三年（1877年）四川新繁出土的一批画像砖，是目前所知最早发现的汉画像砖[3]。从此到20世纪50年代前，画像砖虽时有发现，但除了少数内容精美者为收藏家所购外，并未引起人们足够的重视。

1949年以后，数量众多的画像砖在各地相继被发现，除了零散发现外，经科学发掘所获得的画像砖数量也很可观。这大大提高了画像砖的研究价值。

就现有考古资料而言，画像砖主要集中分布在河南、四川两省，山东、江苏、陕西、山西、甘肃、湖北、江西、贵州、云南、广西、内蒙古等只有少量或个别发现。除已经发表材料者外，还有一些地方保存有尚未著录发表的画像砖。因此，本书对画像砖的发现和分布的总结是不全面的，只是一个大概，但由此也可知其分布范围之广阔。

河南发现的画像砖主要集中在郑州、洛阳和南阳及其周围的新密、新郑、巩义、中牟、禹州、鄢陵、扶沟、许昌、新安、宜阳、偃师、新野、唐河、邓州、淅川、西华、尉氏、夏邑、新乡、舞阳、长葛、荥阳、固始等地。

四川发现的画像砖主要集中在成都平原及其周边地区的新繁、新都、大邑、崇庆、郫县、彭县、彭山、广汉、邛崃、新津、梓潼、广元、宝兴、宜宾、德阳、绵阳等地。

除上述两省外，其他如山东金乡，江苏高淳、溧水，陕西咸阳、甘泉、商南、城固、平利，山西闻喜，湖北枝江、当阳、老河口，甘肃甘谷，江西赣州、于都，贵州赫章，云南昭通，广西[4]，内蒙古中南部地区的一些汉墓中也发现少量画像砖[5]。

（二）制作工艺

画像砖的制作工艺一直受到学者们的普遍关注，根据以往的观察和研究，可以将其作一个总结和归纳。

1. 砖的制作

在制作砖之前对原料多经过选择和筛选的过程，去掉石子、砂粒和杂物，然后再经过比较精细的淘洗与沉淀，使之成为无杂质的细泥。部分细泥内似乎还掺有麻等纤维物质，以增强其拉力。再经过搅拌与棍打，即成为砖泥。

画像砖有空心砖，方形、长方形、楔形实心砖等多种形式，大小厚薄更是千差万别。制作上的区别主要表现为空心砖和实心砖。

空心砖的制作方法是用五块木板圈堵或扣合成与所制空心砖的长度、宽度和厚度相等的长方形木模，然后在其底部和周壁涂抹厚约 4～5 厘米的砖坯泥。为了使底部与周壁涂抹泥料的厚薄均匀与坚固，在制作过程中须用手在泥面上进行捺压或用木制工具进行拍打。所以空心砖内壁面多高低不平或留有手捺与工具拍打的印痕。而印有画像的宽面砖坯则是另用一个长宽与上述木模相等的木模制作，待其晾到一定程度后，再将画像印上去。下一个步骤是将已制成的带有画像的砖坯和上述空心砖坯体黏合在一起。黏合时为了使内壁接缝处严密与牢固，在空心砖坯的两端分别用刀挖出一个长方形或圆形孔，以便手可伸入空心砖坯内壁将缝口抹平，使之黏接牢固。同时也用木制工具对空心砖外壁接缝处进行捺压和拍打。由于拍打工具上多刻有图案纹饰，所以在印有画像的砖面周边常出现有比较规整的图案或绳纹。在空心砖坯制成之后，为了防止砖壁收缩或下沉，从两端的孔口向空心砖坯内塞入杂草等填充物，因而在空心砖内壁上还常常发现有植物叶秆的痕迹。砖坯晾干后即入窑烧制[6]。

也有学者持不同看法。他们认为空心砖的制作方法有两种。一为四片黏合法，即四个面按一定尺寸做成泥片，待泥干后，将四片对合，接口处用泥黏合、抹平。二为支撑法，用几块长条木板作撑板，撑板外裹以粗麻布，然后再贴泥[7]。

各种型号的实心砖多是和模填泥脱制而成。

2. 画像的制作

根据对画像的观察可以看出，制作画像的方法有三种。

第一种是用尖利的器物在泥坯上划出图像。这种画像砖上没有模印的痕迹，画像的题材较简单，如河南郑州出土的朱雀、铺首衔环画像砖[8]。这种技法较少应用。

第二种是压印法。即在砖坯晾到一定程度后用模型将画像印上去，郑州、洛阳等地空心砖上的画像多用此法。在印制画像的过程中，往往用两种或多种模子交替、反复使用，一般在印制前有周密的安排，繁而不乱。少数构图较随意，缺乏严整的布局，甚至有画像叠压或倒印的现象。

第三种是翻倒脱模法。即在木模上贴泥，拍牢打实，翻倒脱模，在制作泥坯的过程中，画像同步产生。南阳和四川等地实心砖上的画像多是如此。砖上画像与木模上雕刻的正相反，砖上是凸起阳线的，木模上是阴线，砖上凸起为弧面并加阳线的，木模上是凹面加阴线。

陕西甘泉劳山公社王台村汉墓出土画像砖的鹿身上涂有墨色[9]，而咸阳26号和36号汉墓出土的空心砖画像上则涂有朱砂[10]。由此可见，画像砖和画像石一样，在砌到建筑物上之后有的还要上彩，以产生画的效果。但由于色彩多已脱落，难知其详，人们在讨论画像砖的制作技法时只能谈其雕刻形式。这和画像石也是一致的。

3. 画像砖的表现技法

现有资料表明，画像砖的表现技法主要有四种[11]。

一是阴线刻。洛阳出土的空心画像砖多用此法，题材简单，构图疏朗。

二是阳线刻。在平面上凸起阳线，线条粗细曲直都较适当，压印技术较高。郑州出土的空心画像砖和四川出土的部分实心砖上常用此法。

三是减地平面阳刻，又称平面浅浮雕。砖面上凸起的是细腻平整的画像，平起面上又加阳刻线条，勾勒出画像的细部。郑州和禹州等地的画像砖多用此法。

四是浅浮雕。整个砖画是一个完整的画面，画像弧圆凸起有浮雕感。南阳和四川的实心画像砖多用此法。

以上四种技法既有单独使用者，也有个别组合使用者。这四种表现技法就其制作而言，第一种是在泥坯上直接以阴线刻画，第二、三、四种则皆为刻模印制而成。画像砖的表现技法也有一个发展变化过程。前三种技法出现相对较早，第四种技法则较晚，但在西汉时期都已出现。只是到西汉晚期以后，阴线刻的技法较少运用，而阳线刻和浅浮雕的技法在广大地区普遍使用，且日臻成熟。其中最具代表性的是四川东汉中晚期的画像砖。

（三）墓葬形制的发展演变

汉画像砖多用于墓室建筑，少数为砖椁和砖棺。画像砖墓只是墓室局部用画像砖，或在门部，或嵌于壁上，尚未发现有全用画像砖砌筑的墓。各墓所用画像砖的数量不等，少则两三块，多则几十块。画像砖又分空心和实心两种。除河南新野樊集画像砖墓群中个别墓是二者结合使用外，多是分别使用。据此，可以把汉画像砖墓分为空心画像砖墓和实心画像砖墓两种，两种墓流行的区域和时期有所不同。

由于画像砖多为零散出土，虽知其为墓葬建筑材料，但墓室结构却多不明了，而少数明了墓室结构者，室内随葬品又多已被盗，这就给画像砖的分期带来了困难。在目前条件下，只能据原报告的断代将其大略分为以下五期。

1. 西汉早期

代表遗存有河南郑州九洲城 2 号墓。该墓为单室人字顶空心砖墓，外形与砖椁相类，但有门开闭，且墓顶为人字顶。四壁空心砖正背两面均有画像，边框以绳纹、连续曲折纹、菱形纹各一周作装饰图案，中间主题部分印有朱雀和佩剑武士[12]。

2. 西汉中期

此期画像砖墓仍集中在郑州和洛阳地区，墓葬形制比早期有所增加，发现数量也多了起来。长方形土洞单室空心砖墓有郑州乾元北街墓，人字顶单室空心砖墓有宜阳牌窑墓，主室右侧附有耳室的空心画像砖墓有郑州南关外布厂街 1 号墓和北二街 5 号墓[13]。

郑州乾元北街墓。其四壁平直，平底。洞内使用大小不同的空心砖砌成长方形墓室，顶用空心砖横列平盖。砖上画像为小模印制的变形鸟纹、虎纹、树纹、持械格斗、轺车从骑、山中狩猎，以及同心圆乳丁纹、菱形纹、几何波折纹等[14]。

宜阳牌窑墓。由墓道、甬道和墓室组成（图四八，1），甬道用空心砖砌成，顶平盖。墓室砌建于弧顶形土洞内，平面呈长方形，底部用砖平铺，东西两壁内侧有彩色画像砖，砖上书写"西北上"、"西北下"、"东北上"、"东北下"、"东南上"、"东南下"等红色字迹表示其位置。整个北壁画像外侧施彩，内侧无彩。北壁上用两块直角三角形空心砖构成山脊，上接人字顶。画像为小模印制。墓室中共安置十七块彩色画像砖，东西两壁各四块，北山墙下部两块，两山脊各两块，门楣一块，门框两块。东西两壁画像砖的内容是马、树、虎；北山墙下部画像砖的内容类同，只是下层砖上多了一对飞雁；两山脊三角

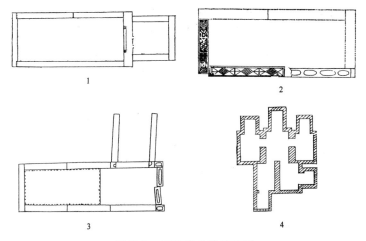

图四八　汉画像砖墓平面图

1.河南宜阳牌窑墓　2.山东金乡徐庙村1号墓　3.河南郑州南仓西街2号墓
4.四川新繁清白乡墓

形画像砖上都是一条飞腾的青龙，右侧青龙上骑一左手举剑、右手持盾的仙人；门楣画像砖上是七对飞雁；门框画像砖上则是璧[15]的形象。

3.西汉晚期

此期画像砖墓有了迅速发展，分布区域由原来仅限于河南郑州、洛阳地区扩散到南阳、周口，山东的济宁等地区。河南新野樊集汉画像砖墓地的发掘，为研究画像砖艺术的地域特点和时代特征提供了重要资料。该墓地的画像砖墓时代相对集中，主要处在西汉晚期到东汉早期这一段时间内。除个别画像砖位于墓室隔墙上外，绝大多数画像砖处于门楣和门柱的位置。此期画像砖的艺术水平也有了较大的提高，出现了一砖一模的整模画像砖，图像更高大，线条更为流畅，物象起伏更大。墓葬形制也比从前大为丰富。空心砖椁墓有山东金乡徐庙村1号墓。平顶单室空心砖墓有陕西咸阳二道原34号墓，空心砖朝墓道的侧面有浮雕双虎图[16]。人字顶单室空心砖墓有河南郑州二里岗32号墓和新通桥墓[17]、荥阳康寨墓[18]，陕西咸阳二道原36号墓[19]。梯顶单室空心砖墓有河南新密周岗墓[20]。单室券顶空心砖墓有河南新郑山水寨沟墓[21]、郑州北二街4号墓[22]、淅川夏湾5号墓[23]。主室加耳室空心砖墓有郑州南关159号墓[24]、郑州二里岗33号墓[25]、郑州向阳肥料社1号墓和2号墓[26]、郑州南仓西街2号墓[27]。单室梯形顶实心砖墓有河南新野樊集吊窑23号墓等十四座墓。其中23号墓门楣为空心砖，门柱为实心砖，墓室用小砖，墓顶为特制的子母砖[28]。单室券顶实心砖墓有河南新野樊集16号和43号墓，门用画像砖，顶用子母砖发券[29]。双室并列实心砖墓有河南西华石羊村墓[30]、新野樊集39号墓等十四座墓[31]。樊集十四座墓的墓门用五块画像砖构成，室用小砖，顶为子母砖建成的梯形。三室并列实心砖墓有河南新野樊集24号墓等四座。墓门用七块画像砖构成，室用小砖，顶为特制的子母砖建成的梯形[32]。单室加耳室实心砖墓有河南新野樊集28号墓等两座。28号墓左侧有耳室，画像砖只用作门楣和立柱，墓壁用小砖，顶用子母砖[33]。双室加耳室实心砖墓有河南新野樊集40号墓。其北主室前有耳室，两主室隔墙过洞上嵌画像砖，耳室门柱为画像砖，墓壁用小砖，顶用子母砖[34]。

金乡徐庙村1号墓。其四壁用砖，顶为木盖（图四八，2）。南壁和西壁为画像砖。南壁画像砖的图像有对称的白虎、楼阙人物、武士、舞蹈者、马术、兽、虫、龙和双雀等，西壁画像砖的图像有楼阙人物、建鼓舞者、持戟武士、双鱼、双雀、回纹、菱形回纹、璧带纹等[35]。

郑州新通桥墓。其所用空心砖，除封门砖和铺地砖为素面外，墓顶的凹腰形脊砖和长条形砖的内外两面，印有各种几何图案。门楣砖、门扉砖、前后两壁上部的梯形砖、南北两壁砖和后壁砖的内外两面，以及门框砖和门侧壁砖的内、外、侧三面，除几何图案外，还印有各种精美的画像。其中门扉砖和后壁上部的梯形砖面上的画像题材尤为丰富。每组画像的印模大小不同，依其形制可分为竖长方形、横长方形和方形三种。画像内容计有阙门建筑、人物、车马、狩猎、驯兽、击刺、禽兽和神话故事等四十五种。

新密周岗墓。整个墓室共用155块不同形制的空心砖构筑而成，其中门框砖、五角梯形砖、墓顶脊砖、墓顶斜坡砖等是依据营建墓室的需要而特制的。构成墓门的几种空心砖的正背两面，模印有各种画像。特别是门扉、门框和门楣砖上的画像题材较为丰富，内容有门阙、铺首衔环、执彗门吏、执戟小吏、执盾小吏、辄车出行、人逐鸟、虎猪斗、鹤衔鱼、人物、鱼以及长青树、变形莲花纹等图案。

郑州南仓西街2号墓。其由墓道、墓室和耳室三部分组成（图四八，3）。墓壁所用空心砖的内、外面或两侧大都饰有方圆百乳纹、三角纹、变形龙纹、五铢钱纹和朱雀纹等图案。墓内有画像空心砖九块，一般在空心砖的两面或三面印有画像。门楣砖北面画像为凤阙、骑射、辄车出行、奏乐者、鸮和鸿雁。东门柱砖东面画像为辄车出行、射虎和朱雀，北面画像均为斗虎，西面画像为斗虎、辄车出行、射虎和朱雀。东门扉北面有四十余幅画像，内容为双阙、卫士、长青树、铺首衔环、辄车出行、鸿雁、骑射、长袖舞、建鼓舞、奏乐者、鸮和鸿雁

图四九　河南郑州南仓西街 2 号墓东门扉画像（拓本）

（图四九）。南面有二十余幅画像，内容为凤阙、轺车出行、鸮、骑射、长袖舞、铺首衔环、五铢钱纹、奏乐者、鸿雁和建鼓舞。西门扉北面有二十余幅画像，内容为连续朱雀纹、凤阙、长袖舞、辎车出行、骑射、鸮、铺首衔环、建鼓舞和奏乐者。南面中部饰朱雀纹、方圆百乳纹，围以连续长青树纹。西门柱东面有十四幅画像，内容为斗虎、辎车出行和射虎。西面有十余幅画像，内容与东面相同。耳室门楣上面十三幅画像，皆为斗虎图。西面有十三幅画像，上七幅为斗虎图，下六幅为辎车出行。耳室北门柱西面数幅画像亦皆为斗虎图，南面十二幅画像除第七幅为射虎图外，皆为斗虎图。东面有十二幅画像，内容为斗虎、辎车出行和射虎。耳室南门柱已残，东面画像为斗虎和辎车出行。墓室西壁中部砖西面画像为长袖舞、建鼓舞、凤阙、骑射、奏乐者、辎车出行、铺首衔环和鸮等。

4. 东汉早期

从此期开始，空心画像砖墓消失，实心画像砖墓出现。这是一个重大变化。目前发现属于此期的画像砖墓数量不多，但江西画像砖墓的发现，表明其分布区域有所扩大。此期砖椁墓有江西赣州武陵墓[36]，前后室墓有河南淅川下寺墓和夏湾1号墓。

淅川下寺墓。其为券顶，内出莽币，时代当在新莽或东汉初年[37]。该墓所用画像砖有六种内容，即饮宴、狩猎、持节门吏、门阙、双龙穿双璧和双龙穿单璧。

夏湾1号墓。前室前有甬道，券顶，内出莽币，时代与上墓同[38]。

5. 东汉中晚期

此期画像砖墓的分布区域进一步扩大。西汉中晚期盛行画像砖的郑州、洛阳等地已不用画像砖造墓，而四川和江苏等地则出现画像砖墓，其中以四川的发展尤为迅速，云南、贵州、广西等地也有少量发现。墓葬规模加大，单室墓数量减少，同时出现了多室墓。和汉画像石一样，艺术水平达到汉画像砖发展的高峰。浮雕形象占了绝大多数，一砖一模，一砖一图，主题鲜明。此期券顶单室墓有四川成都站东乡青杠包3号墓[39]和江西于都水头村1号墓[40]，主室加耳室墓有成都金堂光明墓[41]和江苏高淳固城墓[42]，前后室墓有成都昭觉寺墓[43]和江苏高淳固城墓[44]，多室墓有四川新繁清白乡墓。

成都金堂光明墓。其右侧有耳室。砖的画像均在条形砖的侧面，画像内容有七种，即轺车出行（有榜题"王子冯"和"元马"）、采桑、伏羲女娲、乐舞、戏虎、舞剑和猛虎等。

成都昭觉寺墓。其为券顶，后室较前室略宽，前后室之间的铺地砖上横砌一排砖，以示相隔，未设室门。墓室内壁起第六层砖上砌有高42、宽48、厚6.5厘米的画像砖。整个墓室共用画像砖二十三块。画面布局是墓道至前室右壁为车马出行、仪仗队伍，左壁为宾主见礼、宴饮、伎乐、弋射、收获和盐井等，后壁为西王母和日月神。

新繁清白乡墓。为多室墓。该墓右前室前有甬道，左右前室不通，中室三间左右并列，分别接三个后室（图四八，4）。墓葬全用花纹砖和画像砖砌成，其中八个墓室共砌画像砖五十四块。东前室左右两壁第六至十层砖间嵌有画像砖各六块。室前门里的券上嵌有羽人画像砖两块。其下西侧亦嵌有画像砖一块。西前室东壁第六至十层砖间嵌有画像砖六块，北壁第十三层砖以上的中央嵌有西王母和日月神画像砖共三块。中室中间两壁前端第六至十层砖间各嵌有画像砖两块。中后室东西两壁第六至十层砖间嵌有画像砖各四块。北壁第十六层砖的中部嵌有和西前室北壁内容相同画像砖三块。西后室东西两壁第四至八层砖间各嵌有画像砖三块。嵌在墓室墙壁下部的画像砖内容仅有车骑、单阙和双骑等三种，其中尤以车骑数量最多，嵌砖的位置也没有一定规律[45]。

综观迄今发现的汉画像砖可以看出，西汉时期，以河南的郑州、洛阳等地较为集中，多是空心大砖，画像多用小模印制而成；东汉时期，分布区域发生了很大变化，郑州、洛阳等地几乎不再使用画像砖，南阳地区在西汉末至东汉早期流行了一段时间，而四川则成为画像砖的主要分布区。空心画像砖渐趋消失，实心方砖、长方砖和长条砖流行。画像多是一模一砖，且多是翻模制成，以浅浮雕和阳线为主要表现手法，真正代表画像砖艺术水平的是河南南阳和四川出土者。汉画像砖多以砖面为单位，未见由两砖或多砖拼镶组合画面者，显然南朝的拼镶画像砖是在汉画像砖的基础上的发展。

（四）题材内容

对画像砖题材内容的综合研究多是围绕较集中出土的四川和河南画像砖的情况而展开的。学者们对画像砖的题材内容作出了不同的分类[46]。考虑到画像砖和画像石的题材内容在主要方面是一致的，因此，本书将采用相同的分类方法，分成四类，即社会生活、历史故事、神鬼祥瑞、装饰花纹。这四类画像基本概括了汉画像砖的内容。

1. 社会生活

包括播种、薅秧、收割、春米、酿造、井盐、市井、酒肆、放牧、采桐、采莲、采桑、放筏等生产活动，射虎、猎兔等狩猎活动，导从骑、伍伯、导从车、骖驾、驷马驾车、牛车、胡人驼车等车马出行，执笏官吏、二千石吏、执戟、执戈、执盾、执钺、执剑、执弩、执金吾、持节、拥彗等各种人物，庖厨，宴饮，拜见，养老，讲经，吹竽、吹笛、吹排箫、摇鼗鼓、击磬、鼓瑟、建鼓舞、长袖舞、巾舞、盘舞、驼舞、戏车、叠案、飞剑、跳丸、顶坛、弄环、马术、六博等乐舞百戏，斗鸡、斗牛、斗虎、斗熊、虎猪斗、鸟蛇斗、驯马等斗兽活动，庭院、门阙、重楼、重阁、亭、粮仓、武库、桥等各种建筑，虎、鹿、犬、豹、猴、马、驼鸟、雁、鹰、鸮、鱼、蚕、蝉等各种动物。

2. 历史故事

包括孔子问项橐，二桃杀三士，狗咬赵盾，孙子六博，"燕王、王相、武军"，"王将军、使者伊"，泗水升鼎，孝子保等。

3. 神鬼祥瑞

包括伏羲、女娲、西王母、东王公、九尾狐、三青鸟、三足乌、玉兔捣药、神树、神荼、郁垒、铺首衔环、日神、月神、河伯、青龙、白虎、朱雀、玄武、凤、天马、天鸡、仙鹤、应龙、交龙、二龙穿璧、方相氏、仙人六博、仙人戏凤、仙人戏虎、仙人乘龙、仙人乘虎、仙人乘麟、仙鹤驾车等。

4. 花纹图案

包括莲花纹（柿蒂纹）、旋涡纹、乳钉纹、波浪纹、三角纹、卷草纹、云雷纹、方格纹、田字纹、菱形纹、梅花纹、连环纹、璧纹、变形葵花纹、长青树纹、嘉禾纹、变形云朵纹、钱形百乳四方连续纹、四乳五铢钱纹、菱形回字纹、变形山树纹、绶带穿璧纹、山形绳索纹、亚字纹、人形纹、双禽套索纹、兽面纹等。

　　画像砖的题材内容有一定的区域特点，与生产活动相关的内容多见于四川地区，而且水田劳作、井盐、市井、采莲、采桐、放筏等为四川画像砖所独有。新都出土的一块画像砖，画面分左右两部分，左为薅秧图，田中长满整齐的秧苗，上下两人各持一薅秧把左右相对，正欲薅秧。新都出土的一块画像砖和德阳出土的一块画像砖上印有采莲图。新都出土的另一块画像砖上印有采桐图。成都市郊出土的一块画像砖上印有弋射、收获的图像。成都市郊和邛崃花牌坊场出土的画像砖上印有盐场图，画面上有从提卤、煮盐到运盐的全过程。新都和广汉等地出土有市集画像砖，上面印有内容繁简不一、建筑格局不同的市井。四川汉画像砖对生产活动的关注，让我们看到了汉代区域经济的特点。但和山东等地画像石上表现生产活动的图像一样，其用意不在表现生产活动，而在显示人们拥有的财富，或者是希望死后到阴间能拥有这些财富，让灵魂过上幸福安逸的生活。

　　历史故事图则多见于河南，其他地区尚未见及。其中，"燕王、王相、武军"及"王将军、使者伊"和"孝子保"的故事为河南画像砖所独有，具体内容尚待考证。

注　释

[1] 贾麦明《西北大学收藏一方秦画像砖》，《考古与文物》1987 年第 1 期。

[2] 郑州市文物考古研究所《郑州市两处战国墓发掘报告》，《中原文物》1997 年第 3 期。

[3] 高文《四川汉代画像砖》，第 1 页，上海人民美术出版社 1987 年版。

[4] 《我区首次发现的汉代画像砖》，《广西日报》1980 年 1 月 2 日。

[5] 魏坚《内蒙古中南部汉代墓葬》，中国大百科全书出版社 1998 年版。

［6］参见安金槐《试论河南南阳地区汉代画像砖的地方特征》，《中原文物》1996年增刊。

［7］南阳文物研究所《南阳汉代画像砖》，第35页，文物出版社1990年版。

［8］周到、吕品、汤文兴《河南汉代画像砖》，图一八八，上海人民美术出版社1985年版。

［9］姬乃军《东汉鹿纹画像砖》，《文物》1982年第4期。

［10］咸阳市文物管理委员会、咸阳市博物馆《咸阳市空心砖汉墓清理简报》，《考古》1982年第3期。

［11］同［8］，前言。

［12］郑州市文物考古研究所《郑州市九洲城西汉墓的发掘》，《中原文物》1997年第3期。

［13］郑州市文物考古研究所《郑州市南关外汉代画像空心砖墓》，《中原文物》1997年第3期。

［14］郑州市博物馆《郑州市乾元北街空心画像砖墓》，《中原文物》1985年第1期。

［15］洛阳地区文物管理委员会《宜阳牌窑西汉画像砖墓清理简报》，《中原文物》1985年第4期。

［16］同［10］。

［17］河南省文化局文物工作队《郑州二里岗汉画像空心砖墓》，《考古》1963年第11期；郑州市博物馆《郑州新通桥汉代画像空心砖墓》，《文物》1972年第10期。

［18］赵清《河南荥阳县康寨汉代空心砖墓》，《华夏考古》1996年第2期。

［19］同［10］。

［20］赵清《河南密县周岗汉画像砖墓》，《华夏考古》1995年第4期。

［21］新郑县文物保管所《新郑山水寨沟汉画像砖墓》，《中原文物》1990年第1期。

［22］同［13］。

［23］南阳文物研究所《南阳汉代画像砖》，文物出版社，1990年版。

［24］河南省文化局文物工作队《郑州南关159号汉墓的发掘》，《文物》1960年第8、9期合刊。

［25］河南省文化局文物工作队《郑州二里岗汉画像空心砖墓》，《考古》1963年第11期。

［26］河南省文物研究所《郑州市向阳肥料社汉代画像砖墓》，《中原文物》1986

年第 4 期。

[27] 河南省文物研究所《郑州市南仓西街两座汉墓的发掘》,《华夏考古》1989
年第 4 期。

[28] 河南省南阳地区文物研究所《新野樊集汉画像砖墓》,《考古学报》1990 年
第 4 期。

[29] 同[28]。

[30] 周口地区文化局、周口地区文物工作队《河南西华县发现汉画像砖墓》,《考
古》1988 年第 1 期。

[31] 同[28]。

[32] 同[28]。

[33] 同[28]。

[34] 同[28]。

[35] 何志国《四川绵阳出土鹿纹画像砖》,《考古》1984 年第 4 期。

[36] 薛翘、张嗣介《江西赣州汉代画像砖墓》,《文物》1982 年第 6 期;万幼楠
《江西于都发现汉画像砖墓》,《文物》1988 年第 3 期。

[37] 李松《淅川县下寺汉画像砖墓》,《中原文物》1982 年第 1 期。

[38] 同[23]。

[39] 徐鹏章《成都站东乡汉墓清理记》,《考古通讯》1956 年第 1 期。

[40] 同[36]。

[41] 李恩雄《成都市出土东汉画像砖》,《考古与文物》1982 年第 1 期。

[42] 镇江博物馆《江苏省高淳县东汉画像砖墓》,《文物》1983 年第 4 期;南京
市博物馆《江苏高淳固城东汉画像砖墓》,《考古》1989 年第 5 期。

[43] 刘志远《成都昭觉寺汉画像砖墓》,《考古》1984 年第 1 期。

[44] 同[42]。

[45] 四川省文物管理委员会《四川新繁清白乡东汉画像砖墓清理简报》,《文物》
1956 年第 6 期。

[46] 刘志远、余德章、刘文杰《四川汉代画像砖与汉代社会》,文物出版社 1983
年版;余德章、刘文杰《试论四川汉代画像砖的分布地区、刻塑技法及其史
料价值》,《考古与文物》1986 年第 5 期;《中国大百科全书·考古学》"汉画
像砖墓"条,第 180 页,中国大百科全书出版社 1986 年版;高文《四川汉
代画像砖简论》,上海人民美术出版社 1987 年版;黄明兰《洛阳汉画像砖》,
河南美术出版社 1986 年版;张秀清、张松林、周到《郑州汉画像砖》,第 5
页,河南美术出版社 1988 年版;吕品《河南汉代画像砖的出土与研究》,

《中原文物》1989 年第 3 期；南阳文物研究所《南阳汉代画像砖》，第 31～35 页，文物出版社 1990 年版。

十二 把汉画像石考古学研究

再推进一步

20 世纪以来，随着汉画像石逐步纳入考古学研究领域，特别是 50 年代以后文物事业和考古学的蓬勃发展，使汉画像石的发现和研究工作有了长足的进展，取得了令人瞩目的成果。与此同时，通过对数量众多、内容丰富、造型优美的汉画像石的著录介绍，使之得到了人们更广泛的认知和欣赏。但在肯定取得的进展和成绩时，我们还应认识到，在汉画像石研究领域，其总体学术发展和研究水平是有限的，所能构成的学术体系还显得很单薄。应该注意到，在这一领域中具有先导作用的汉画像石考古发现和研究，其发展状况极不平衡，研究的状况和成果还显得较为零散。对汉画像石的认识和研究方法也存有局限，眼界还不够开阔。对汉画像石的区域类型和分期的考古基础研究尚未深入下去，尤其缺乏打破现在行政区划界限而真正从其客观存在范畴或从全国范围的角度去考察。对汉画像石所反映的社会历史文化背景等属于考古学目标的研究则尤显浅止。如此等等。不但影响着汉画像石考古研究的发展，而且也影响或制约着其他学科对其综合研究水平的提高。为此，我们在对 20 世纪汉画像石的发现和研究作历史回顾时，既要肯定成绩，满怀信心，又要看到不足，虚怀若谷，这样才能更好地正视现实，面对未来，在迎接新的世纪到来之时，把汉画像石考古学研究再向前推进一步。下面结合自己的观察和体会，陈述几点粗浅意见，以供参酌。

第一，要正确认识和对待汉画像石实物标本。

"汉画像石"这个名词，是从传统的金石学沿袭下来的。其对汉画像石资料的著录与收集工作是零散的，相关的研究也是基于这样一个角度。考古学虽沿用了这一名称，但却必须加之其符合考古学实物目标的概念。考古学应把汉画像石看作一定历史时期的物质文化遗存。它既不是单纯雕刻的艺术品，也不是一块块孤立存在的刻画石头，是为当时丧葬礼俗服务的并实际附属于墓葬建筑物的雕刻装饰。所以，考古学所面对的汉画像石实物标本，虽然也包括一块块零散的汉画像石，而它的目标则是画像石构成的建筑物整体与原貌。如果脱离或遗忘了其原来存在的建筑物整体这个实物目标，其概念和意义就相去甚远。再者，作为附属于墓葬建物上的画像石艺术，它的题材内容和位置经营等，都和墓室、祠堂等冥世的建筑物相联系。其中有许多画像石的内容与花纹是相互组合于建筑物上的，又有许多画像石内容与其所在建筑物的部位紧密结合，包含着一定的空间和方位意义，共同反映出墓葬建筑物画像的整体内涵意义。如果再蹈金石学旧辙那样来看待汉画像石，只作零散、孤立地著录和考证，不但不能知其原貌和丢失许多历史文化信息，而且从总体上说还容易导致差错或谬误，又何谈去认识和恢复古代社会面貌呢？因此，汉画像石考古研究要正确对待其实物标本，考察了解它存在的原貌，这样才能更好地去研究、认识。

首先，在对汉画像石实物资料的获取和积累方面，要进一步运用田野考古调查、发掘与有关的科学技术方法，录取与汉画像石遗存相关的遗迹、遗物等全部资料。尤其是对汉画像石构成的墓室、祠堂、阙等建筑物，要从整体到局部进行较全面的考察和分析，把对汉画像石的著录和研究建立在可靠的科学基础上。要克服那种只看到和拣出几块画像石作简单报道的做法，改变那种看似面貌丰富而实际上许多资料残缺不全、模糊不清的状况，真正提高这一研究领域的基础工作水平，才能有利于汉画像石考古研究的开展和深化。

其次，要对汉画像石实物资料做好认真细致的考察、鉴别工作。其目的还是要认识它的本来面貌和价值。对发掘出土的汉画像石也要做好鉴别，如有些汉画像石虽出自地下墓葬建筑，但在墓中杂乱无序，实际上是后人拆毁了汉代地面祠堂等画像石来构筑的，有些则是来自不同时间或不同祠堂上的画像石，若把它当作一座汉画像石墓看待，那就会造成错误和产生混乱了。在山东嘉祥宋山墓葬出土的画像石中，经考察鉴别，复原再现了已经失去的前所不知的四座汉代小石祠，就是例证。现在已知山东、苏北等地区有许多属于祠堂构件的画像石，只有将它们进一步考察鉴别出来，按其本来所在的建筑物画像来认识，才能对汉画像石的分类和内涵的研究产生重要意义。

再次，是对以往著录的成组的零散汉画像石资料，要经过考察研究尽量将其建筑性质和组合关系明确、系统化起来，以显示出这些实物的原貌和应有的价值。这里且不说那著名的武氏祠画像石经过多次考察得到成功复原后的意义，举个简单的例子，本书中曾提到的曲阜"东安汉里画像"石，过去在《汉代画像全集》中著录的状况，不要说这些画像属于什么墓葬建筑物和如何布局，就连画像石的数目也弄不清楚，只能当作一幅幅零散孤立的画像来看待。经实地考察后认识到，这些零散的画像实际刻在七块石板上，并组成一座较完整的双室石椁。

在椁内四壁按方位刻有四神图像，中间一块隔板的两面刻有宴乐生活画像。有两个过去难以识别的神怪画像，其位置在椁室南端挡板外面（椁内朱雀画像背面），即象征着墓向朝南的大门上，其画像内容为善治恶鬼的神荼和郁垒也因此而明了。由此把这组画像作为一座石椁墓画像来看待，并纳入汉画像石考古研究的实物系列中，其文化内涵和研究价值就比过去那些零散著录的资料丰富和重要多了。

还有对那些已成为零散的汉画像石资料使用或个案考证，也要将其置于宏观的系列或画像石可能所在的建筑物部位去审视，注意其实物的构件特征与画像内容是否完整，以免孤立的、钻进牛角尖似的考证阐释。至于对那些作伪的汉画像石资料，更应注意鉴别、剔除，不能信手拈来使用。

最后，汉画像石考古研究要紧密结合实物，注意避免空泛的使用汉画像石概念和漫发议论，要面对所研究问题的实物存在。例如，对汉画像石产生背景的研究，以往总是博引文献，大谈汉代贵族豪门等上层统治阶段的厚葬，好像汉画像石就是在那些贵族豪门的墓葬中产生的。而实际存在的汉画像石墓却不见有诸侯王的，尤其是早期的画像石墓，都是些画像简单的小墓。这种现象可能说明它滥觞于民间。而究其论述的偏颇，不能不说是脱离了汉画像石实物，尤其没有认真注意汉画像石产生时期作为墓葬建筑物存在的实物状况。总之，汉画像石考古研究要认真面对和紧密结合实物，才能目标明确，有的放矢，把研究课题引向深入，否则，不但会成为空泛的议论，于学术无补，而且也失去了考古研究的前提和意义。

第二，在汉画像石研究中，要更好地运用考古类型学的理论与方法，并借鉴别的学科有用的方法，以进一步推进汉画像石考古研究和系列的建立。

目前对汉画像石的研究，虽然已有了考古类型学的基础，但其形象远不够丰满。如对在有些大的汉画像石分布区域中，实际存在的诸多小区或中心、扩展区，应用类型学的方法划分揭示出来，真正构架起充满实物内容的时空框架体系。关于地上祠堂和地下墓室的画像有无相异的意义，其关系如何，也要在考古分类研究的基础上来解决。对汉画像石的雕刻技法、构图方式等艺术表现形式，也可用类型学的理论和方法深入探讨，或引用美学方面的理论和术语，针对实物正确地划分类型，准确使用描述概念，将其构成因素变成切实可探讨研究的内容，而不是一些模棱两可或难以捉摸的抽象语言，使其更具有规范性和可比性，才能更好地推动学术研究的进步。还有对汉画像石题材内容的分类，以往常粗略划分为社会生活、历史故事、神鬼迷信等三大类，或把这三大类作些细解。也有人提出画像内容由画像所在的建筑物性质决定，应按照画像本来的意义进行分类，或进而依据汉代人们宇宙观念去解析画像，按天上、仙境、人间、地下四部分内容分类，可谓是有益的尝试。不过这是一项较难而复杂的问题，对汉画像石研究中如何运用考古类型学方法和如何建立汉画像石的考古类型学，还要在研究中紧密结合研究对象的自身特点去探索。既不能用别的器物类型学方法生搬硬套，更不能为分类而分类、为分期而分期任意为之，把一个活的躯体切割成无数大大小小的碎块，把能用语言文字生动说明的东西变成过于繁杂难辨的图表和符号。运用考古类型学对汉画像石的研究要更好地认识和反映它客观存在的类别特征和变化规律，使汉画像石考古研究的系列和成果更为清晰和有条理。

第三，开阔视野，广泛占有资料，努力做出深入、系统的研究。

汉画像石研究要加强和国外信息的交流，积极吸收国外在这一领域的研究成果，活跃思路，增强学术创新精神。资料的丰富是无限的、不可等待的，目前缺乏的还是对现有资料的广泛占有和深入分析。对汉画像石的研究还必须注意到，其旁还有着大量有关的考古资料和相关成果，不能视而不见，单纯孤立地去一味钻研汉画像石。因此，要开阔视野，从汉画像石考古学基础研究方面及其所反映的社会关系、意识形态和文化内涵、特征等方面，在广泛占有资料的基础上，多作深入系统的专题研究和宏观的综合性研究。个案、典故的阐释与考证固然重要，不可偏废，但也要把研究扩展开来、系统起来，不能只指其一点，不及其余。如对某些不识的神怪画像的考证研究，有些往往在文献中找到了个类似其形象的记载，就给它冠上名字了事，其实解决不了任何问题。就是对有些画像内容的研究，也要扩展开来，形成系列化的专题研究，才能有所深入。这样的研究成果多了，汉画像石考古研究的水平就会提高一步。

第四，对汉画像石坚持开展多学科的综合研究。

汉画像石考古发现和研究的成果，以及它所显示出的丰富文化内涵和多方面的资料价值，已经为诸多学科引用。这对汉画像石研究来说是非常可喜的现象。考古学对汉画像石的发现和研究虽然起着先导的作用，但仅有考古学的研究是不够的，这种独特艺术形式的审美价值，以及它那包罗万象的百科全书式的内容本身，需要多种学科的参与和综合研究。当然，对汉画像石多学科的综合研究，并不是均等平齐的。除考古学外，主要为美术史门类，因为它从美术学角度也几乎面对着整个研究对象。而有些学科，如科技史、艺术史等，所面对的仅是汉画像石中与其学科有关的专题或个案。即使如此，其研究不仅充实、丰富了本学科的系列和内涵，而且也更好地揭示了汉画像石的内容和价值，使汉画像石资料进一步发挥了作用。从考古学和美术史这两大门类对汉画像石的研究来说，二者虽有不同的出发点和研究角度，但所面对的是一个共同的研究对象，其所研究的方法、成果等，都可以相互借鉴和共进互补。所以，要坚持这种多学科的综合研究方向，以推动汉画像石研究向更加广阔的领域和深层次发展，进一步揭示其丰富的文化内涵和艺术实质。

对汉画像石进行多学科的综合研究，是一个既科学又合人意的安排，因为多学科综合研究所面对的课题，是我们祖国的一项珍贵的历史文化遗产。所以，我们大家有着共同的责任，把这项遗产发掘好、研究好、利用好，使中华民族优秀的文化艺术传统发扬光大。

参 考 文 献

（一）图　书

赵明诚《金石录》，光绪三十一年刊本。

洪适《隶释》、《隶续》，乾隆刻本。

翁方纲《两汉金石记》，乾隆刻本。

毕沅、阮元《山左金石志》，嘉庆二年刻本。

黄易《小蓬莱阁金石文字》，嘉庆五年刻本。

王昶《金石萃编》，嘉庆十年刻本。

冯云鹏、冯云鹓《石索》，道光元年刻本。

方朔《枕经堂金石书画题跋》，同治三年刻本。

（日）关野贞《支那山东省における汉代坟墓の表饰》，东京，1916年版。

（日）大村西崖《支那美术史·雕塑篇》，东京印刷株式会社1916年版。

瞿中溶《汉武梁祠画像考》，1926年希古楼刻本。

关百益《南阳汉画像集》，上海中华书局1930年版。

周进《居贞草堂汉晋石景》，1929年石印本。

容庚《汉武梁祠画像录》，燕京大学考古学社1936年版。

孙文青《南阳汉画像石汇存》，金陵大学文化研究所（上海）1937年版。

（日）关野贞《支那の建筑芸术》，岩波书店（东京）1938年版。

傅惜华《汉代画像全集》初编，巴黎大学北京汉学研究所1950年版。

傅惜华《汉代画像全集》二编，巴黎大学北京汉学研究所1951年版。

闻宥《四川汉代画像选集》，群联出版社（上海）1955 年版。

南京博物院、山东省文物管理处《沂南古画像石墓发掘报告》，文化部文物管理局（上海）1956 年版。

重庆市博物馆《重庆市博物馆藏四川汉画像砖选集》，文物出版社，1957 年版。

陕西省博物馆、陕西省文物管理委员会《陕北东汉画像石刻选集》，文物出版社 1958 年版。

江苏省文物管理委员会《江苏徐州汉画像石》，科学出版社 1959 年版。

迅冰《四川汉代雕塑艺术》，中国古典艺术出版社 1959 年版。

河南省文化局文物工作队第一、二队《河南出土空心砖拓片》，人民美术出版社 1963 年版。

（日）长广敏雄《汉代画像の研究》，京都大学人文科学研究所研究报告 1965 年版。

（日）长广敏雄《南阳の画像石》，京都大学人文科学研究所研究报告 1974 年版。

南阳博物馆《南阳汉代画像石刻》，上海人民美术出版社 1981 年版。

李发林《山东汉画像石研究》，齐鲁书社 1982 年版。

山东省博物馆、山东省考古研究所《山东汉画像石选集》，齐鲁书社 1982 年版。

刘志远、余德章、刘文杰《四川汉代画像砖与汉代社会》，文物出版社 1983 年版。

吴曾德《汉代画像石》，文物出版社 1984 年版。

徐州市博物馆《徐州汉画像石》，江苏美术出版社 1985 年版。

南阳汉代画像石编辑委员会《南阳汉代画像石》，文物出版社 1985 年版。

周到、吕品、汤文兴《河南汉代画像砖》，上海人民美术出版社 1985 年版。

黄明兰《洛阳汉画像砖》，河南美术出版社 1986 年版。

（日）土居淑子《古代中国の画像石》，同朋社 1986 年版。

高文《四川汉代画像石》，巴蜀书社 1987 年版。

高文《四川汉代画像砖》，上海人民美术出版社 1987 年版。

南阳汉代画像石学术讨论会办公室《汉代画像石研究》，文物出版社 1987 年版。

张秀清、张松林、周到《郑州汉画像砖》，河南美术出版社 1988 年版。

南阳汉画馆《南阳汉代画像石刻》（续编），上海人民美术出版社 1988 年版。

中国美术全集编辑委员会《中国美术全集·绘画编·画像石画像砖》，上海人民美术出版社 1988 年版。

刘兴怀、闪修山《南阳汉代墓门画艺术》，百家出版社 1989 年版。

WU HUNG（巫鸿），The WU LIANG SHRINE The Ideology of Early Chinese Pictorial Art，Stanford University press，1989.

王建中、闪修山《南阳两汉画像石》，文物出版社 1990 年版。

吕品《中岳汉三阙》，文物出版社 1990 年版。

南阳地区文物研究所《南阳汉代画像砖》，文物出版社 1990 年版。

安丘县文化局、安丘县博物馆《安丘董家庄汉画像石墓》，济南出版社 1992 年版。

重庆市文化局、重庆市博物馆《四川汉代石阙》，文物出版社 1992 年版。

朱锡禄《嘉祥汉画像石》，山东美术出版社 1992 年版。

阎根齐、米景周《商丘汉画像石》，河南美术出版社 1992 年版。

河南省文物研究所《密县打虎亭汉墓》，文物出版社 1993 年版。

蒋英炬、吴文祺《汉代武氏墓群石刻研究》，山东美术出版社 1995 年版。

李林、康兰英、赵力光《陕北汉代画像石》，陕西人民出版社 1995 年版。

韩玉祥主编《南阳汉代天文画像石研究》，民族出版社 1995 年版。

南阳市文化局《汉代画像石砖研究——93'中国南阳汉画国际学术研讨会论文集》，《中原文物》1996 年增刊。

信立祥《中国汉代画像石の研究》，同成社 1996 年版。

顾森《中国汉画图典》，浙江摄影出版社 1997 年版。

南阳汉画馆《南阳汉代画像石墓》，河南美术出版社 1998 年版。

（二）报刊文献

1. 论述

董井《馆藏新出汉画像石考释》，《山东省立图书馆季刊》1936 年第 1 卷 2 期。

滕固《南阳汉画像石刻之历史的及风格的考察》，载《张菊生先生七十生日纪念论文集》，第 483～502 页，商务印书馆（上海），1937 年版。

（美）费慰梅著、王世襄译《汉"武梁祠"建筑原形考》，《中国营造学社汇刊》第 7 卷 2 期。

孙作云《评"沂南古画像石墓发掘报告"——兼论汉人的主要迷信思想》，《考古通讯》1957 年第 6 期。

孙宗文《略谈汉代画像石及其史料价值》，《历史教学》1957 年第 12 期。

罗福颐《芗他君石祠堂题字解释》，《故宫博物院院刊》1960 年第 2 期。

陈明达《汉代的石阙》，《文物》1961 年第 12 期。

宋伯胤、黎忠义《从汉画像石探索汉代织机构造》，《文物》1962 年第 3 期。

孙太初《云南古代画像石刻内容考》，《学术研究》（云南卷）1963 年第 5 期。

李发林《略谈汉画像石的雕刻技法及其分期》，《考古》1965 年第 4 期。

（日）林巳奈夫《后汉时代の车马行列》，《东方学报》第 37 册，1966 年。

刘敦愿《汉画像石上的针灸图》，《文物》1972 年第 6 期。

刘志远《汉代市考——说东汉市井画像砖》，《文物》1973 年第 3 期。

河南省博物馆《南阳汉画像石概述》，《文物》1973 年第 6 期。

（日）林巳奈夫《汉代鬼神の世界》，《东方学报》第 46 册，1974

年。

吴曾德、周到《南阳汉画像石中的神话与天文》，《郑州大学学报》1978 年第 4 期。

徐州博物馆《论徐州汉画像石》，《文物》1980 年第 2 期。

蒋英炬《汉画执棒小考》，《文物》1980 年第 3 期。

方鹏钧、张勋燎《山东苍山元嘉元年画像石题记的时代和有关问题的讨论》，《考古》1980 年第 3 期。

蒋英炬、吴文祺《试论山东汉画像石的分布、刻法与分期》，《考古与文物》1980 年第 4 期。

俞伟超《东汉佛教图像考》，《文物》1980 年第 5 期。

蒋英炬、吴文祺《武氏祠画像石建筑配置考》，《考古学报》1981 年第 2 期。

蒋英炬《略论山东汉画像石的农耕图像》，《农业考古》1981 年第 2 期。

俞伟超、信立祥《孔望山摩崖造像的年代考察》，《文物》1981 年第 7 期。

黄展岳《记凉台东汉画像石上的"髡笞图"》，《文物》1981 年第 10 期。

蒋英炬《汉代的小祠堂——嘉祥宋山汉画像石的建筑复原》，《考古》1983 年第 8 期。

黄明兰《洛阳西汉画像空心砖概述》，《中原文物》1983 年特刊。

刘铁华《两汉时代画像石的艺术特点》，《中原文物》1983 年特刊。

杨焕成、吕品《河南汉画像中的建筑图像》，《中原文物》1983 年特刊。

夏超雄《汉墓壁画、画像石题材内容试探》，《北京大学学报》（社科版），1984 年第 1 期。

岳凤霞、刘兴珍《浙江海宁长安镇画像石》，《文物》1984 年第 3 期。

夏超雄《孝堂山石祠画像、年代及主人试探》，《文物》1984 年第 8 期。

王恩田《诸城前凉台孙琮画像石考》，《文物》1985 年第 3 期。

吴曾德、肖亢达《就大型汉代画像石墓的形制论"汉制"——兼谈我国墓葬的发展进程》，《中原文物》1985 年第 3 期。

陈履生《汉代神话中的两对主神的形象系统与模糊性特征》，《艺苑》1985 年第 5 期。

蒋英炬《略论曲阜"东安汉里画像"石》,《考古》1985 年第 12 期。

李锦山《汉画像中的桥梁建筑》,《考古与文物》1986 年第 2 期。

王良启《试论汉像石的艺术成就》,《中原文物》1986 年第 4 期。

张秀清《郑州汉画像砖概述》,《考古与文物》1987 年第 2 期。

贺中香《湖北汉画像石初析》,《江汉考古》1987 年第 3 期。

吉南《东汉石祠艺术功能的观察》,《美术研究》1987 年第 3 期。

陈孟东《陕北东汉画像石题材综述》,《文博》1987 年第 4 期。

杨伯达《试论山东画像石的刻法》,《故宫博物院院刊》1987 年第 4 期。

汤池《孔望山造像的汉画风格》,《考古》1987 年第 11 期。

赵成甫《南阳汉画像石墓分期管见》,《汉代画像石研究》,第 12~31 页,文物出版社 1987 年版。

王良启《南阳汉代画像石的艺术风格》,同前,第 82~92 页。

顾森、刘兴珍《论汉画像砖与画像石的表现性》,同前,第 93~106 页。

廖奔《论汉画百戏》,同前,第 107~123 页。

陈江风《南阳天文画像石考释》,同前,第 141~154 页。

信立祥《论汉代的墓上祠堂及其画像》,同前,第 180~203 页。

蒋英炬《孝堂山石祠管见》,同前,第 204~218 页。

朱国炤《汉代画像中所见牛、鹿、羊车及其反映的社会意识》,同前,第 234~245 页。

陈绍棣《汉画所见汉代城市与政治、经济和军事的关系》,同前,第 246~259 页。

高维德《左元异墓汉画像石浅析》,同前,第 270~279 页。

米如田《汉画像石墓分区初探》,《中原文物》1988 年第 2 期。

赵化成《汉画所见汉代车名考辨》,《文物》1989 年第 3 期。

周到《河南汉画像石考古四十年概况》,《中原文物》1989 年第 3 期。

吕品《河南汉代画像砖的出土与研究》,《中原文物》1989 年第 3 期。

信立祥《汉画像石的分区与分期研究》,《考古类型学的理论与实践》,第 234~306 页,文物出版社 1989 年版。

王恺《苏鲁豫皖交界地区汉画像石墓的分期》,《中原文物》1990年第1期。

李宏《追求不朽——汉代画像石主题论》,《中原文物》1990年第1期。

王玉金《从汉画像看四川、山东、陕北的汉代农业》,《南都学坛》1990年第5期。

赵殿增、袁曙光《"天门"考——兼论四川汉画像石（砖）的组合与主题》,《四川文物》1990年第6期。

（日）佐原康夫《汉代祠堂画像考》,《东方学报》第63册,1991年。

陈江风《汉画像"神鬼世界"的思维形态及其艺术》,《中原文物》1991年第3期。

赵超《汉代画像石墓中的画像布局及其意义》,《中原文物》1991年第3期。

吴文祺《从山东汉画像石图像看汉代手工业》,《中原文物》1991年第3期。

唐士钦《徐州汉画中的古建筑》,《中原文物》1991年第3期。

孙广清《河南汉代画像石的分布与区域类型》,《华夏考古》1991年第3期。

罗伟先《汉画像石墓葬形制的初步研究》,《华西考古》（一）,第64～136页,成都出版社1991年版。

罗伟先《汉墓石刻画像与墓主身份等级研究》,《四川文物》1992年第2期。

谢昌一《汉代画像石艺术的历史地位》,《故宫文物月刊》1992年第10卷5期。

陈根远《陕北东汉画像石初探》,《纪念山东大学考古专业创建20周年文集》,第388～396页,山东大学出版社1992年版。

唐长寿《岷江流域汉画像崖墓分期及其它》,《中原文物》1993年第2期。

杨爱国《汉代的忠孝观念及其对汉画艺术的影响》,《中原文物》1993年第2期。

（日）山下志保著、夏麦陵节译《画像石墓与东汉时代社会》，《中原文物》1993 年第 4 期。

郭晓川《南阳汉画像视觉形式演变的分期研究》，《美术研究》1994 年第 2 期。

赖非《山东汉代画像石榜题》，《美术研究》1994 年第 2 期。

李锦山《西王母题材画像石及其相关问题》，《中原文物》1994 年第 4 期。

郭铮《试论满城画像石》，《文物春秋》1995 年第 1 期。

燕生东、刘智敏《苏鲁豫皖交界区西汉石椁墓及其画像石的分期》，《中原文物》1995 年第 1 期。

赵成甫《南阳汉代画像石砖墓关系之比较》，《中原文物》1996 年第 4 期。

周保平《徐州的几座再葬汉画像石墓研究——兼谈汉画像石墓中的再葬现象》，《文物》1996 年第 6 期。

杨爱国《汉代墓室建筑装饰的发展与演变》，《中原文物》1996 年增刊。

（美）简·詹姆斯著、贺西林译、张敢校《汉代西王母的图像志研究》（上、下），《美术研究》1997 年第 2、3 期。

郭晓川《苏鲁豫皖区汉画像视觉形式演变的分期研究》，《考古学报》1997 年第 3 期。

邢义田《武氏祠研究的一些问题》，《新史学》1997 年第 8 卷 4 期。

唐长寿《汉代阴阳宅绘画内容异同及其意义》，《东南文化》1997 年第 6 期。

宋岩泉《鲁东南与苏北汉画像石之比较》，《东南文化》1997 年第 6 期。

蒋英炬《关于"鲍宅山凤凰画像"的考察与管见》，《文物》1997 年第 8 期。

杨泓《汉画像石研究的新成果——〈评中国汉代画像石研究〉》，《考古》1997 年第 9 期。

王步毅《安徽画像石概述》，《文物研究》1998 年第 11 辑。

蒋英炬《关于汉画像石产生背景与艺术功能的思考》，《考古》1998

年第 11 期。

蒋英炬《汉画像石考古研究絮语——从对武梁祠一故事考证失误说起》,《刘敦愿先生纪念文集》,第 431～437 页,山东大学出版社 1998 年版。

杨爱国、郑同修《山东、苏北、皖北、豫东区汉画像石墓葬形制》,《刘敦愿先生纪念文集》,第 438～449 页,山东大学出版社 1998 年版。

郑岩《墓主画像研究》,《刘敦愿先生纪念文集》,第 450～468 页,山东大学出版社 1998 年版。

2.调查发掘资料

(1)山东

董井《山东省立图书馆金石志初稿》,《山东省图书馆季刊》1931 年第 1 集 1 期。

刘敦桢《山东平邑汉阙》,《文物参考资料》1954 年第 5 期。

山东省文物管理委员会《济南大观园的一个汉墓》,《考古通讯》1955 年第 4 期。

王思礼《山东章邱县普集镇汉墓清理简报》,《考古通讯》1955 年第 6 期。

山东省文物管理处《山东福山东留公村汉墓清理简报》,《考古通讯》1956 年第 5 期。

祝志成《山东省惠民县的汉画像石墓》,《文物参考资料》1957 年第 10 期。

王思礼《山东肥城汉画像石墓调查》,《文物参考资料》1958 年第 4 期。

罗哲文《孝堂山郭氏墓石祠》,《文物》1961 年第 4、5 期合刊。

刘心健、张鸣雪《山东莒南发现汉代石阙》,《文物》1965 年第 5 期。

山东省博物馆、苍山县文化馆《山东苍山元嘉元年画像石墓》,《考古》1975 年第 2 期。

嘉祥县武氏祠文管所《山东嘉祥宋山发现汉画像石》,《文物》1979 年第 9 期。

福山县文化馆图博组《山东省福山县东留公村汉墓画像石》,《文物资料丛刊》1981 年第 4 期。

任日新《山东诸城汉墓画像石》,《文物》1981 年第 10 期。

济宁地区文物组、嘉祥县文物管理所《山东嘉祥宋山 1980 年出土的汉画像石》,《文物》1982 年第 5 期。

朱锡禄《嘉祥五老洼发现一批汉画像石》《文物》1982 年第 5 期。

泰安地区文物局《泰安县大汶口发现一座汉画像石墓》,《文物》1982 年第 6 期。

枣庄市文物管理站《山东枣庄画像石调查记》,《考古与文物》1983 年第 3 期。

夏忠润《山东济宁县发现一组汉画像石》,《文物》1983 年第 5 期。

枣庄市文物管理站《山东枣庄南常汉画像石墓》,《考古与文物》1986 年第 1 期。

嘉祥县文物管理所《山东嘉祥南武山汉画像石》,《文物》1986 年第 4 期。

嘉祥县文管所《山东嘉祥纸坊画像石墓》,《文物》1986 年第 5 期。

泰安地区文物局《肥城县发现一座东汉画像石墓》,《文物》1986 年第 5 期。

淄博市博物馆《山东淄博张庄东汉画像石墓》,《考古》1986 年第 8 期。

泰安市文物管理局《山东泰安县旧县村汉画像石墓》,《考古》1988 年第 4 期。

苏兆庆、张安礼《山东莒县沈刘庄汉画像石墓》,《考古》1988 年第 9 期。

临沂市博物馆《临沂的西汉瓮棺、砖棺、石棺墓》,《文物》1988 年第 10 期。

济南市文化局文物处、平阴县博物馆筹建处《山东平阴新屯汉画像石墓》,《考古》1988 年第 11 期。

菏泽地区博物馆、梁山县文化馆《山东梁山东汉纪年墓》,《考古》1988 年第 11 期。

程继林《泰安大汶口汉画像石墓》,《文物》1989 年第 1 期。

聊城地区博物馆《山东阳谷县八里庙汉画像石墓》,《文物》1989 年第 8 期。

王思礼、赖非、丁冲、万良《山东微山县汉代画像石调查》，《考古》1989 年第 8 期。

济南市文化局文物处《山东济南青龙山汉画像石壁画墓》，《考古》1989 年第 11 期。

山东省济宁市文物处《山东金乡县发现汉代画像砖墓》，《考古》1989 年第 12 期。

程少奎《山东肥城发现"永平"纪年画像石》，《文物》1990 年第 2 期。

济宁市博物馆《山东济宁师专汉墓群清理简报》，《文物》1992 年第 9 期。

济宁市博物馆《山东济宁发现一座东汉墓》，《考古》1994 年第 2 期。

石敬东《山东枣庄方庄汉画像石墓》，《考古与文物》1994 年第 3 期。

邹城市文物管理处《山东邹城高李村汉画像石墓》，《文物》1994 年第 6 期。

泗水县文物管理所《山东泗水南陈东汉画像石墓》，《考古》1995 年第 5 期。

解华英《山东邹城车路口东汉画像石墓》，《考古》1996 年第 3 期。

山东石刻艺术博物馆《山东鄄城、成武、金乡石刻调查》，《考古》1996 年第 6 期。

章丘市博物馆《山东章丘黄土崖东汉画像石墓》，《考古》1996 年第 10 期。

枣庄市文物管理委员会办公室、枣庄市博物馆《山东刺庄小山西汉画像石墓》，《文物》1997 年第 12 期。

微山县文物管理所《山东微山县汉画像石墓的清理》，《考古》1998 年第 3 期。

赵文俊、于秋伟《山东沂南县近年来发现的汉画像石》，《考古》1998 年第 4 期。

邹城市文物管理局《山东邹城市卧虎山汉画像石墓》，《考古》1999 年第 6 期。

（2）江苏

王献唐《徐州市区的茅村汉墓群》，《文物参考资料》1953 年第 1 期。

李鉴昭《江苏睢宁九女墩汉墓清理简报》，《考古通讯》1955 年第 2 期。

南京博物院《昌梨水库汉墓群发掘简报》，《文物参考资料》1957 年第 12 期。

江苏省文物管理委员会、南京博物院《江苏徐州、铜山五座汉墓清理简报》，《考古》1964 年第 10 期。

江苏省文物管理委员会、南京博物院《江苏徐州十里铺汉画像石墓》，《考古》1966 年第 2 期。

江苏省泗洪县文化馆《泗洪县曹庄发现一批汉画像石》，《文物》1975 年第 3 期。

南京博物馆《徐州茅村画像石墓》，《考古》1980 年第 4 期。

南京博物院《徐州青山泉白集东汉画像石墓》，《考古》1981 年第 2 期。

徐州市博物馆、沛县文化馆《江苏沛县栖山汉画像石墓清理简报》，《考古学集刊》1982 年第 2 辑。

镇江博物馆《江苏省高淳县东汉画像砖墓》，《文物》1983 年第 4 期。

李洪甫《连云港市锦屏山汉画像石墓》，《考古》1983 年第 10 期。

吴大林《江苏溧水出土东汉画像砖》，《文物》1983 年第 11 期。

南京博物院、邳县文化馆《东汉彭城相缪宇墓》，《文物》1984 年第 8 期。

南京博物院、新沂县图书馆《江苏新沂瓦窑汉画像石墓》，《考古》1985 年第 7 期。

徐州博物馆、赣榆县图书馆《江苏赣榆金山汉画像石》，《考古》1985 年第 9 期。

尤振尧《江苏泗洪曹庙东汉画像石》，《文物》1986 年第 4 期。

南京博物院、邳县文化馆《江苏邳县白山故子两座东汉画像石墓》，《文物》1986 年第 5 期。

南京博物院、泗洪县图书馆《江苏泗洪重岗汉画像石墓》，《考古》1986 年第 7 期。

南京市博物馆《江苏高淳固城东汉画像砖墓》,《考古》1989 年第 5 期。

徐州博物馆《徐州发现东汉元和三年画像石》,《文物》1990 年第 9 期。

徐州博物馆《徐州市韩山东汉墓发掘简报》,《文物》1990 年第 9 期。

邱永生《徐州青山泉水泥厂一、二号汉墓发掘简报》,《中原文物》1992 年第 1 期。

淮阴市博物馆、泗阳县图书馆《江苏泗阳打鼓墩樊氏画像石墓》,《考古》1992 年第 9 期。

邱永生《徐州近年征集的汉画像石集粹》,《中原文物》1993 年第 1 期。

徐州博物馆《江苏徐州市清理五座汉画像石墓》,《考古》1996 年第 3 期。

王黎琳、李银德《徐州发现东汉画像石》,《文物》1996 年第 4 期。

徐州博物馆《徐州发现一批散存汉画像石》,《文物》1996 年第 5 期。

徐州博物馆《江苏铜山班井村东汉墓》,《考古》1997 年第 5 期。

仝泽荣《江苏睢宁墓山汉画像石墓》,《文物》1997 年第 9 期。

(3) 安徽

安徽省文物管理委员会《定远坝王庄古画像石墓》,《文物》1959 年第 12 期。

安徽省亳县博物馆《亳县曹操宗族墓葬》,《文物》1978 年第 8 期。

王步毅《安徽宿县褚兰汉画像石墓》,《考古学报》1993 年第 4 期。

王化民《宿县宝光寺汉墓石祠画像石》,《文物研究》1993 年第 8 辑。

(4) 河南

河南文物工作队第二队《洛阳30·14 号汉墓发掘简报》,《文物参考资料》1955 年第 10 期。

王润杰《正阳县汉代石阙调查》,《文物》1962 期第 1 期。

河南省文化局文物工作队《河南南阳杨官寺汉代画像石墓发掘报告》,《考古学报》1963 年第 1 期。

河南省文化局文物工作队《郑州二里岗汉画像空心砖墓》,《考古》1963 年第 11 期。

河南省文化局文物工作队《河南襄城茨沟汉画像石墓》，《考古学报》1964 年第 1 期。

郑州市博物馆《郑州新通桥汉代画像空心砖墓》，《文物》1972 年第 10 期。

周到、李京华《唐河针织石汉画像石墓的发掘》，《文物》1973 年第 6 期。

南阳市博物馆《南阳发现东汉许阿瞿墓志画像石》，《文物》1974 年第 8 期。

河南省博物馆《河南永城固上村汉画像石墓》，《河南文博通讯》1980 年第 1 期。

南阳地区文物队、南阳博物馆《唐河郁平大尹冯君孺人画像石墓》，《考古学报》1980 年第 2 期。

南阳市博物馆、方城县文化馆《河南方城东关汉画像石墓》，《文物》1980 年第 3 期。

安阳地区文管会、南乐县文化馆《南乐宋耿洛一号汉墓发掘简报》，《中原文物》1981 年第 2 期。

南阳市博物馆《南阳县赵寨砖瓦厂汉画像石墓》，《中原文物》1982 年第 1 期。

《南阳汉代画像石》编委会《唐河县电厂汉画像石墓》，《中原文物》1982 年第 1 期。

南阳市博物馆《南阳县王寨汉画像石墓》，《中原文物》1982 年第 1 期。

《南阳汉代画像石》编委会《邓县长冢店汉画像石墓》，《中原文物》1982 年第 1 期。

李松《淅川县下寺汉画像砖墓》，《中原文物》1982 年第 1 期。

南阳博物馆《河南南阳石桥汉画像石墓》，《考古与文物》1982 年第 1 期。

南阳博物馆《河南南阳军帐营汉画像石墓》，《考古与文物》1982 年第 1 期。

赵成甫、张逢酉、平春照《河南唐河县石灰窑村画像石墓》，《文物》1982 年第 5 期。

南阳市博物馆《河南南阳英庄汉画像石墓》,《中原文物》1983 年第 3 期。

南阳地区文物工作队、南阳县文化馆《河南南阳县英庄汉画像石墓》,《文物》1984 年第 3 期。

南阳地区文物工作队、方城县文化馆《河南方城县城关镇汉画像石墓》,《文物》1984 年第 3 期。

郑州市博物馆《郑州市乾元北街空心画像砖墓》,《中原文物》1985 年第 1 期。

张秀清《郑州又发现一批汉画像砖》,《中原文物》1985 年第 2 期。

南阳地区文物工作队、新野县文化馆《新野县前高庙村汉画像石墓》,《中原文物》1985 年第 3 期。

南阳地区文物工作队、唐河县文化馆《唐河县湖阳镇汉画像石墓清理简报》,《中原文物》1985 年第 3 期。

南阳地区文物工作队、唐河县文化馆《针织厂二号汉画像石墓》,《中原文物》1985 年第 3 期。

李陈广、王儒林、崔庆明、刘玉生《南阳市散存的汉画像石选汇》,《中原文物》1985 年第 3 期。

河南省文物研究所《禹县东十里村汉画像石墓发掘简报》,《中原文物》1985 年第 3 期。

洛阳地区文物管理委员会《宜阳牌窑西汉画像砖墓清理简报》,《中原文物》1985 年第 4 期。

张秀清、刘松根等《河南新郑出土的汉代画像砖》,《中原文物》1986 年第 1 期。

南阳地区文物队《方城党庄汉画像石墓——兼论南阳汉画像石墓的衰亡问题》,《中原文物》1986 年第 2 期。

河南省文物研究所《郑州市向阳肥料社汉代画像砖墓》,《中原文物》1986 年第 4 期。

河南省文物研究所《密县后士郭汉画像石墓发掘报告》,《华夏考古》1987 年第 2 期。

周口地区文化局、周口地区文物工作队《河南西华县发现汉画像砖墓》，《考古》1988 年第 1 期。

张秀清《河南郑州新发现的汉代画像砖》，《文物》1988 年第 5 期。

马钺锋《河南省中原石刻艺术馆收藏一批汉代空心画像砖》，《中原文物》1989 年第 2 期。

商丘地区文化局《河南夏邑吴庄石椁》，《中原文物》1990 年第 1 期。

李俊山《永城太丘一号汉画像石墓》，《中原文物》1990 年第 1 期。

永城县文物管理委员会、商丘博物馆《永城太丘二号汉画像石墓》，《中原文物》1990 年第 1 期。

李俊山《永城僖山汉画像石墓》，《中原文物》1990 年第 1 期。

新郑县文物保管所《新郑山水寨沟汉画像砖墓》，《中原文物》1990 年第 1 期。

河南省南阳地区文物研究所《新野樊集汉画像砖墓》，《考古学报》1990 年第 4 期。

南阳地区文物研究所《河南南阳县蒲山汉墓的发掘》，《华夏考古》1991 年第 4 期。

河南省文物研究所《河南长葛出土的汉代画像砖》，《华夏考古》1992 年第 1 期。

南阳市文物工作队《南阳市第二化工厂 21 号画像石墓发掘简报》，《中原文物》1993 年第 1 期。

南阳市文物研究所《河南省邓州市梁寨汉画像石墓》，《中原文物》1996 年第 3 期。

南阳市文物研究所《河南省南阳县辛店乡熊营画像石墓》，《中原文物》1996 年第 3 期。

南阳市文物研究所《河南省南阳市十里铺二号画像石墓》，《中原文物》1996 年第 3 期。

南阳市文物研究所《桐柏县安棚画像石墓》，《中原文物》1996 年第 3 期。

郑州市文物考古研究所《郑州市南关外汉代画像空心砖墓》,《中原文物》1997 年第 4 期。

郑州市文物考古研究所《郑州市九洲城西汉墓的发掘》,《中原文物》1997 年第 4 期。

南阳市文物研究所、唐河县文化馆《河南唐河白庄汉画像石墓》,《中原文物》1997 年第 4 期。

南阳市文物研究所《南阳中建七局机械厂汉画像石墓》,《中原文物》1997 年第 4 期。

南阳市文物研究所《河南南阳蒲山二号汉画像石墓》,《中原文物》1997 年第 4 期。

（5）湖北

李元魁、毛在善《随县唐镇发现带壁画宋墓及东汉石室墓》,《文物》1960 年第 1 期。

湖北省文物管理委员会《湖北随县唐镇汉魏墓清理》,《考古》1966 年第 2 期。

沈宜扬《湖北当阳刘家冢子东汉画像石墓发掘简报》,《文物资料丛刊》1977 年第 1 期。

黄道华《枝江姚家港出土的东汉画像砖》,《江汉考古》1991 年第 1 期。

卢德佩《湖北当阳市郑家大坡东汉画像石墓》,《考古》1999 年第 1 期。

（6）陕西

陕西考古所泾水队《邠县雅店村清理一座东汉墓》,《文物》1961 年第 1 期。

陕西省博物馆、陕西省文物管理委员会《米脂东汉画像石墓发掘简报》,《文物》1972 年第 3 期。

咸阳市文物管理委员会、咸阳市博物馆《咸阳市空心砖汉墓清理简报》,《考古》1982 年第 3 期。

陕西茂陵博物馆等《陕西咸阳茂陵西汉空心砖墓》,《文物资料丛刊》1982 年第 6 期。

戴应新、李仲煊《陕西绥德延家岔东汉画像石墓》,《考古》1983 年第 3 期。

绥德县博物馆《陕西绥德发现汉画像石墓》《考古》1986 年第 1 期。

吴兰、帮福、康兰英《陕西神木柳巷村汉画像石墓》,《中原文物》1986 年第 1 期。

孙德润、贺雅宜《龚家湾一号墓葬清理简报》,《考古与文物》1987 年第 1 期。

吴兰、学勇《陕西米脂县官庄东汉画像石墓》,《考古》1987 年第 11 期。

戴应新、魏遂志《陕西绥德黄家塔东汉画像石墓群发掘简报》,《考古与文物》1988 年第 5、6 期合刊。

李林《陕西绥德延家岔二号画像石墓》,《考古》1990 年第 2 期。

吴兰、志安、春宁《绥德辛店发现的两座画像石墓》,《考古与文物》1993 年第 1 期。

李林《绥德寨山发现汉画像石墓》,《文博》1996 年第 4 期。

陕西省考古研究所、榆林地区文物管理委员会《陕西神木大保当第 11 号、第 23 号汉画像石墓发掘简报》,《文物》1997 年第 9 期。

（7）山西

梁宗和《山西离石县的汉代画像石》,《文物参考资料》1958 年第 4 期。

杨绍舜《山西离石马茂庄汉画像石又有新发现》,《文物》1984 年第 10 期。

山西省考古研究所、吕梁地区文物工作室、离石县文物管理所《山西离石马茂庄东汉画像石墓》,《文物》1992 年第 4 期。

商彤流、董楼平、王金元《离石马茂庄汉墓》,《文物季刊》1995 年第 4 期。

山西省考古研究所、吕梁地区文物管理处、离石县文物管理所《山西离石再次发现东汉画像石墓》,《文物》1996 年第 4 期。

（8）四川、重庆

于豪亮《记成都扬子山 1 号墓》,《文物参考资料》1955 年第 9 期。

徐鹏章《成都站东乡汉墓清理记》,《考古通讯》1956 年第 1 期。

四川省文物管理委员会《四川新繁清白乡东汉画像砖墓清理简报》,

《文物》1956 年第 6 期。

匡远滢《四川宜宾市翠屏村汉墓清理简报》,《考古通讯》1957 年第
3 期。

刘志远《成都天回山崖墓清理记》,《考古学报》1958 年第 1 期。

陈丽琼《四川重庆江北发现汉墓石刻》,《考古通讯》1958 年第 8 期。

曹丹《芦山县汉樊敏阙清理复原》,《文物》1963 年第 11 期。

重庆市博物馆、合川县文化馆《合川东汉画像石墓》,《文物》1977
年第 2 期。

四川省博物馆、郫县文化馆《四川郫县东汉砖墓的石棺画像》,《考
古》1979 年第 6 期。

成都市文物管理处《四川成都曾家包东汉画像砖石墓》,《文物》
1981 年第 10 期。

兰峰《四川宜宾县崖墓画像石棺》,《文物》1982 年第 7 期。

刘志远《成都昭觉寺汉画像砖墓》,《考古》1984 年第 1 期。

高文《绚丽多彩的画像石墓——四川解放后出土的五个汉代石棺
椁》,《四川文物》1985 年第 2 期。

四川大学考古专业七八级实习队、长宁县文化馆《四川长宁"七个
洞"东汉纪年画像崖墓》,《考古与文物》1985 年第 5 期。

李晓鸣《四川荥经东汉石棺画像》,《文物》1987 年第 1 期。

吉木布初、关荣华《四川成都昭觉县发现东汉石表和石阙残石》,
《考古》1987 年第 5 期。

四川省博物馆《四川彭县等地新收集到一批画像砖》,《考古》1987
年第 6 期。

高文、高成英《汉画瑰宝——四川新出土的八个画像石棺》,《文物
天地》1988 年第 3 期。

高文、高成英《四川出土的十一具汉代画像石棺图释》,《四川文
物》1988 年第 3 期。

张德金《新都县发现汉代纪年砖画像砖墓》,《四川文物》1988 年第
4 期。

雷建金《简阳县鬼头山发现榜题画像石棺》，《四川文物》1988 年第 6 期。

乐山市文化局《四川乐山麻浩一号崖墓》，《考古》1990 年第 2 期。

崔陈《宜宾地区出土汉代画像石棺》，《考古与文物》1991 年第 1 期。

内江市文物管理所、简阳县文化馆《四川简阳县鬼头山东汉崖墓》，《考古》1991 年第 3 期。

雷建金《内江市关升店江汉崖墓画像石棺》，《四川文物》1992 年第 3 期。

谢荔、徐利红《四川合江县东汉砖室墓清理简报》，《文物》1992 年第 4 期。

乐山市崖墓博物馆《四川乐市沱沟嘴东汉崖墓清理简报》，《文物》1993 年第 1 期。

王庭福、李一洪《合江张家沟二号崖墓画像石棺发掘简报》，《四川文物》1995 年第 5 期。

颜灵《南溪县长顺坡画像石棺清理简报》，《四川文物》1996 年第 3 期。

（9）北京、天津、河北、浙江、贵州

北京市文物工作队《北京西郊发现汉代石阙清理简报》，《文物》1964 年第 11 期。

北京市文物工作队喻震《丰台区三台子出土汉画像石》，《文物》1966 年第 4 期。

天津市文物管理处、武清县文化馆《武清县发现东汉鲜于璜墓碑》，《文物》1974 年第 8 期。

保定市文物管理处《满城县四道口东汉墓发掘简报》，《文物春秋》1991 年第 1 期。

保定市文物局文物科、满城县文物管理所《满城县发现东汉画像石》，《文物春秋》1994 年第 4 期。

嘉兴地区文物管理委员会、海宁县博物馆《浙江海宁东汉画像石墓发掘简报》，《文物》1983 年第 5 期。

贵州省文物考古研究所《贵州金沙县汉画像石墓清理》，《文物》1998 年第 10 期。

后　记

　　去年 4 月中旬，接到国家文物局《二十世纪中国文物考古发现与研究丛书》编辑办公室寄来的约稿通知，拟让我承担本丛书《汉代画像石与画像砖》一书的写作，并要求将该书的详细编写提纲寄去，以签订约稿合同。由于邮路不畅，我收到此函时距要求寄回编写提纲的时限只有五六天，便匆匆写个提纲。7 月，又收到本丛书执行主编朱启新先生函，告知同意按寄去的提纲编写，并要求增加一节汉画像砖的内容等。此时，方感任务落在肩上，自觉有些精力不足，于是找到年轻的同仁杨爱国同志，请他与我合作撰写，共同完成这项工作。

　　根据工作条件和对书稿内容的熟悉程度，我们决定分头起稿，由我承担本书的前言、汉画像石发现与研究简史、汉画像石的分布与历史背景、汉画像石的雕刻技法、山东苏北皖北豫东区汉画像石、陕北晋西北区汉画像石、汉画像石的艺术分析与评价、把汉画像石考古学研究再推进一步诸章，由杨爱国同志承担汉画像石的题材内容、南阳鄂北区汉画像石、四川滇北区汉画像石、其他地区汉画像石、汉画像砖的发现与研究诸章。在本书撰稿和修改过程中，请山东省博物馆资料室蒋群同志帮助查阅、校对了一些文献资料。另外，山东省博物馆技术室王书德同志还帮助翻拍了彩色图片。

在完成书稿的过程中，自感水平有限，只能勉力为之。所以，在本书写成后，若能起到一些丛书编写宗旨的作用，我们就非常庆幸了。为此，敬请广大读者慧心关照，批评指正。我们衷心希望的是，在迎接和跨向 21 世纪的征途中，同道诸君共同努力，把汉画像石（砖）的发现与研究工作推向一个更高的水平。

蒋英炬

1999 年 10 月于济南

图书在版编目（CIP）数据

汉代画像石与画像砖/蒋英炬、杨爱国著. --北京：文
物出版社，2001.3（2022.4重印）

（20世纪中国文物考古发现与研究丛书）

ISBN 978-7-5010-1219-0

Ⅰ.汉… Ⅱ.①蒋…②杨… Ⅲ.①画像石-美术考古-中
国-汉代②画像砖-美术考古-中国-汉代 Ⅳ.K877.94

中国版本图书馆CIP数据核字（2001）第30533号

20世纪中国文物考古发现与研究丛书

汉代画像石与画像砖

著　　者　蒋英炬　杨爱国

封面设计　张希广
责任印制　张　丽
责任编辑　王　戈
出版发行　文物出版社
社　　址　北京市东直门内北小街2号楼
网　　址　http：//www.wenwu.com
邮　　箱　web@wenwu.com
印　　刷　河北鹏润印刷有限公司
开　　本　850mm×1168mm　　1/32
印　　张　7.75
版　　次　2001年3月第1版
印　　次　2022年4月第5次印刷
书　　号　ISBN 978-7-5010-1219-0
定　　价　40.00元